VOLKER LUFT

# CELTIC STARTERS

**Irische und schottische Jigs, Hornpipes, Reels, Waltzes, Polkas, Airs, Marches, Folksongs und Carolan's Tunes**

**In leichten Bearbeitungen für Gitarre solo auch mit Gitarrenbegleitung. Kombinierbar mit der Ausgabe für Melodieinstrument in C (AMB 3215)**

ACOUSTIC MUSIC BOOKS

**AMB 3214**

Acoustic Music Books, Wilhelmshaven | www.acoustic-music-books.de

# Inhaltsverzeichnis

---

Impressum
Coverfoto: Landscape With Montains And Clouds (rzbrzezny).
Lizenz: Adobe Stock #258432624
Coverdesign: *Manfred Pollert* • Foto Volker Luft, Umschlagrückseite: *Constanze Luft* • Notensatz: *Volker Luft*
Layout, Lektorat und Produktion: *Gerd Kratzat*

Bestell-Nr. AMB 3214
ISBN 978-3-86947-634-6 • ISMN 979-0-50247-214-6
www.acoustic-music-books.de
Endorsement-Hinweis: Volker Luft spielt und wird unterstützt
von Hannabach-Saiten und Thomas Eichert-Gitarren.

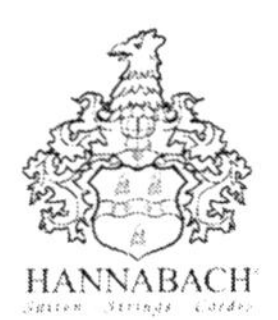


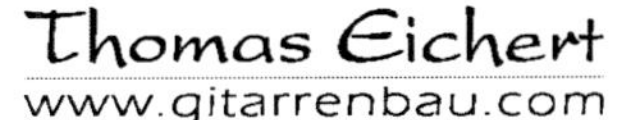

# VORWORT

*Celtic Starters* ist eine Sammlung von Bearbeitungen der schönsten Jigs, Hornpipes, Reels, Waltzes, Polkas, Airs, Carolan´s Tunes und Folksongs für Gitarre solo und für Gitarre mit Begleitinstrument in C. *Celtic Starters* bildet den Einstieg und Ergänzung der beliebten Notenausgaben *Celtic Ballads* (Acoustic Music Books, Bestell-Nr. AMB 3125) und *More Celtic Ballads* (Acoustic Music Books, AMB 3189)

Für Einsteiger in die irische und schottische Musik, aber auch für Gitarristen, die im Selbststudium ihr Solorepertoire erweitern, neue Begleittechniken lernen und vertiefen wollen, bietet „Celtic Starters" viele neue Anregungen und Spielstücke.

Jeder der sich schon einmal mit der faszinierenden traditionellen Musik aus Irland und Schottland beschäftigt hat, ist begeistert von den Emotionen, die sie vermittelt: von ergreifender melodischer Melancholie bis zu stimmungsvoller Freude und Fröhlichkeit. Da Volksmusik, vor allem die irische und schottische, zum gemeinsamen Musizieren einlädt und darin ihren ursprünglichen Charakter hat, findet man in *Celtic Starters* neben einer Bearbeitung für Gitarre solo, Basisakkorde, Begleitrhythmen und Folkpickingpatterns für Gitarre. Zusätzlich ist die Melodiestimme mit Melodievariationen für C-Instrumente (Violine, Flöte, Blockflöte, Oboe, Mandoline, Ukulele) als separate Ausgabe (Bestell-Nr. AMB 3215) erhältlich. Dadurch sind die *Celtic Starters* besonders geeignet für das gemeinsame Musizieren, den Einsatz im Instrumentalunterricht und das Musikschulvorspiel.

Um den Einstieg in die wunderbare irische und schottische Volksmusik zu erleichtern, werden in den anschließenden Kapiteln die verschiedenen musikalische Formen und ihre Interpretation erklärt.

Ich wünsche viel Freude, Spaß und musikalischen Gewinn mit *Celtic Starters*!

# Aufbau und Verwendung der Ausgabe

Wie schon im Vorwort angesprochen, ist *Celtic Starters* ein Spielbuch, das gemeinsames Musizieren ermöglicht und Gitarristen die Gelegenheit zur Repertoireerweiterung und zur Verbesserung ihrer Begleittechniken bietet. Dieser Ansatz hat sich natürlich auch im Aufbau der Ausgabe niedergeschlagen:

- Alle wichtige musikalische Informationen wie die Bearbeitungen für Gitarre solo, Basisakkorde, Begleitrhythmen und Folkpickingbegleitungen findet man auf einer Doppelseite.

- Die Melodie ist durch nach oben gehalste Noten in der Gitarrenstimme gut zu erkennen, so dass auch andere Instrumentalisten (zum Beispiel: Flötisten, Geiger) sofort mitspielen können, ganz unabhängig von der separat erhältlichen Melodiestimme.

- Die Melodiestimme mit Melodievariationen für C-Instrument ist als separate Stimme erhältlich.

Das hat den Vorteil, dass Gitarristen und andere Instrumentalisten alle wichtige Informationen auf einen Blick erfassen können, was wiederum das gemeinsame Spielen erleichtert. Die Gitarrenversion steht in der gleichen Tonart wie die Akkordbegleitung und die Melodiestimme, wodurch sich viele verschiedene Einsatzmöglichkeiten ergeben, die ich nur kurz andeuten will (der eigenen Kreativität sind keine Grenzen gesetzt):

- Gitarre und Begleitgitarre

- Gitarre, Begleitgitarre, Flöte, Geige, Mandoline (oder ein anderes Melodieinstrument)

- Gitarre, Begleitgitarre und Geige (eine Doppelung oder Oktavierung der Melodiestimme ist in der irischen Musik durchaus üblich)

- Gitarre, Begleitgitarre, Begleitmandoline und Flöte.

# musikalische Formen

**Celtic Waltzes** werden in einem getragenen Tempo gespielt (3/4-Takt). Der erste Schlag eines Taktes wird immer leicht hervorgehoben: **1**, 2, 3.

**Airs** gehören zu den ältesten Kompositionen irischer Musik. Der Begriff »Air« leitet sich aus dem Französischen ab und bedeutet »Lied«, »Melodie«. Auch in der traditionellen irischen Musik soll eine Air, deren Melodie oft von einem gesungenen Lied abgeleitet ist, in einem langsamen Tempo, gefühlvoll und rhythmisch frei vorgetragen werden.

**Hornpipes** werden in der Regel im mittleren oder schnelleren Tempo gespielt. Die Noten auf den Vierteln (Zählzeiten) werden leicht betont: **1**+**2**+**3**+**4**+. Notierte Achtel werden bouncy, das heißt hüpfend gespielt. Ähnlich wie beim Jazz oder Blues spielt man die Achtel mit einer Art Swing Feeling.

**Reels** werden meist in einem sehr schnellen Tempo gespielt (Prestissimo), wobei aber auch sehr schöne Interpretationen in einem getragenem Tempo möglich sind. Achtel werden in der Regel wie notiert oder aber leicht bouncy (hüpfend) gespielt. Reels sind neben den Jigs die beliebtesten Tänze der traditionellen irischen instrumentalen Tanzmusik.

**Jigs** sind in der Regel im 6/8-Rhythmus notiert und werden auf der 1. und 4. Achtelnote betont: **1**, 2, 3, **4**, 5, 6. Da Jigs in der Regel in einem schnelleren Tempo gespielt werden, erzeugt die ternäre Rhythmik (6/8) einen antreibenden Groove, der Tänzer und Zuhörer mitreißt.

**Marches** dienten ursprünglich zur Motivation beim Marschieren und als Erkennungsmelodie des jeweiligen Clans. Deshalb ist es selbstverständlich, dass Marches in einem getragenen Tempo gespielt werden sollten.

**Polkas** gehören zu jedem irischen Tanzabend. Die eingängigen Melodien werden im mittleren Tempo vorgetragen und animieren die Tänzer zu Rundtänzen, Paartanz und Reihentanz.

**Folksongs:** Irische Folksongs haben das Leben in allen Facetten abgebildet. Oft wurden alte Melodie verändert oder Texte der aktuellen Lebenssituation angepasst. Im Prinzip sind Sie ein Kaleidoskop der Geschichte des Landes und das Alltags der Menschen. Aufgrund der Grundidee von *Celtic Starters* sind die in diesen Band vorgestellten Folksongs ohne Texte notiert. Wer gerne zur Gitarrenbegleitung irische und schottische Folksongs singen möchte, dem lege ich die beiden Notenausgaben *Celtic Ballads* (Acoustic Music Books, Bestell-Nr. AMB 3125) und *More Celtic Ballads* (Acoustic Music Books, AMB 3189) ans Herz.

**Carolan´s Tunes:** Der legendäre irische Harfenist Turlough O´Carolan (1670—1738) schuf mehr als 200 Kompositionen zwischen irischer Folklore und Barockmusik. O´Carolan gilt zurecht als der irische Nationalkomponist und vielleicht hat es auch ein bisschen mit ihm zu tun, dass das Wappen der Republik Irland eine Harfe ziert.

# Wiederholungen - Dynamik - Verzierungen

In der traditionellen irischen Musik wird sehr oft mit Wiederholungen gearbeitet. Dies bietet sich natürlich auch bei *Celtic Startes* an. Die meisten Spielstücke sind in einen A- und B-Teil untergliedert. Dies Teile können sicherlich drei- bis viermal wiederholt werden, wobei man dabei auch die Dynamik und das Tempo variieren kann. Gerade die Melodiestimmen können natürlich auch mit Verzierungen (Triller, Pralltriller,Vorschläge und Bindungen) bei Wiederholungen variabel gestaltet werden.

Trotz aller technischen Hinweisen möchte ich zu einem möglichst unverkrampften Umgang mit der wunderschönen und irischen Volksmusik einladen. Einfach losspielen und seine eigene Interpretation finden, ist auch eine Möglichkeit, und nicht die schlechteste ...!

# 1. The Pirate's Waltz

(Celtic Waltz)

Traditional
Bearbeitung: Volker Luft

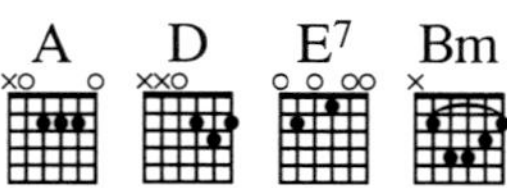


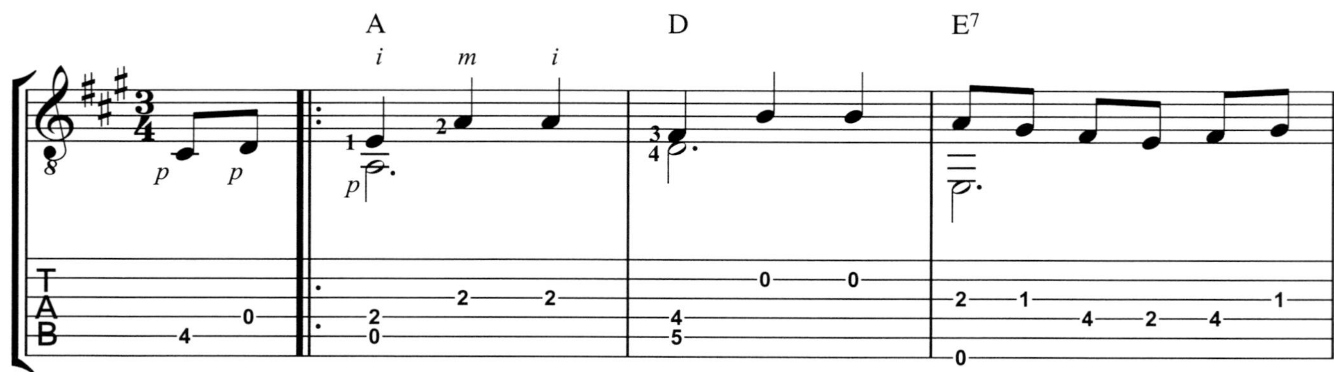


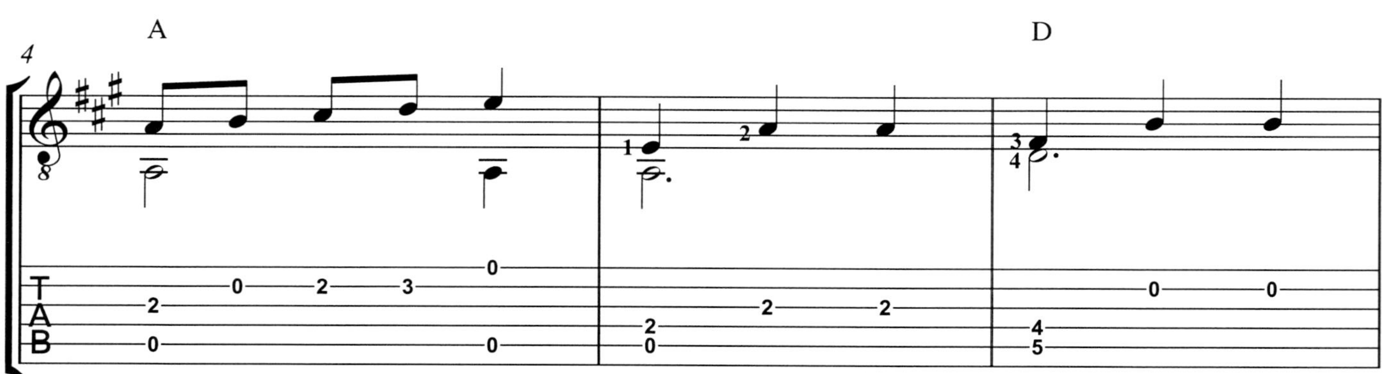


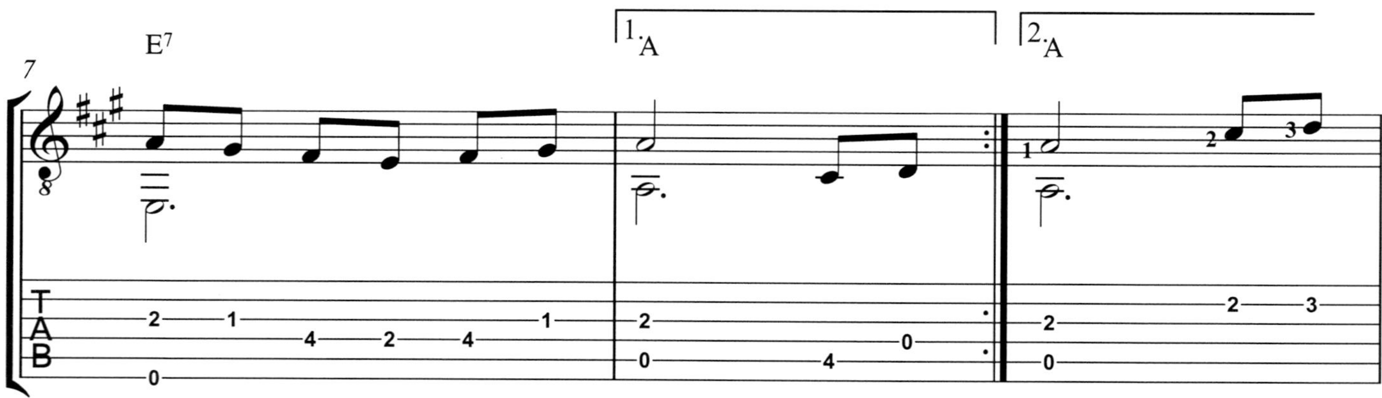


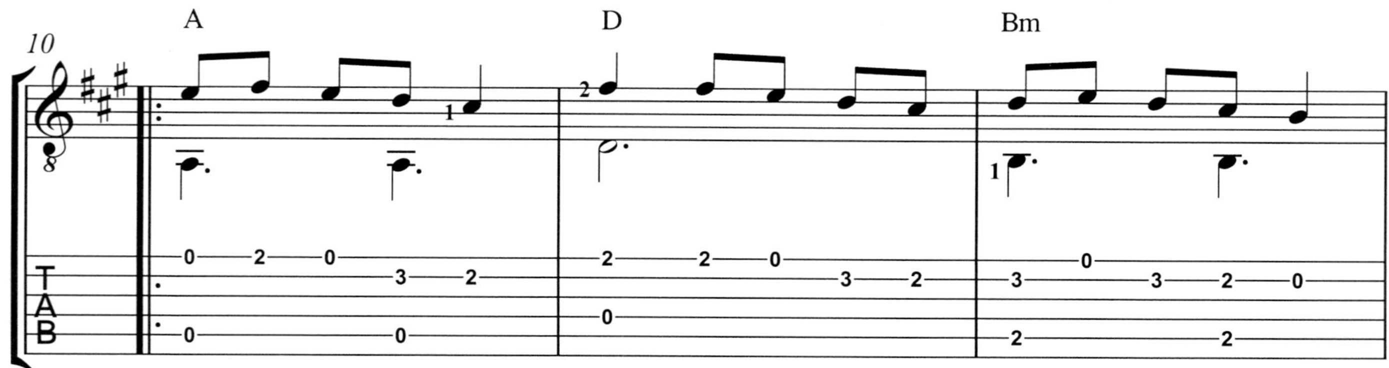

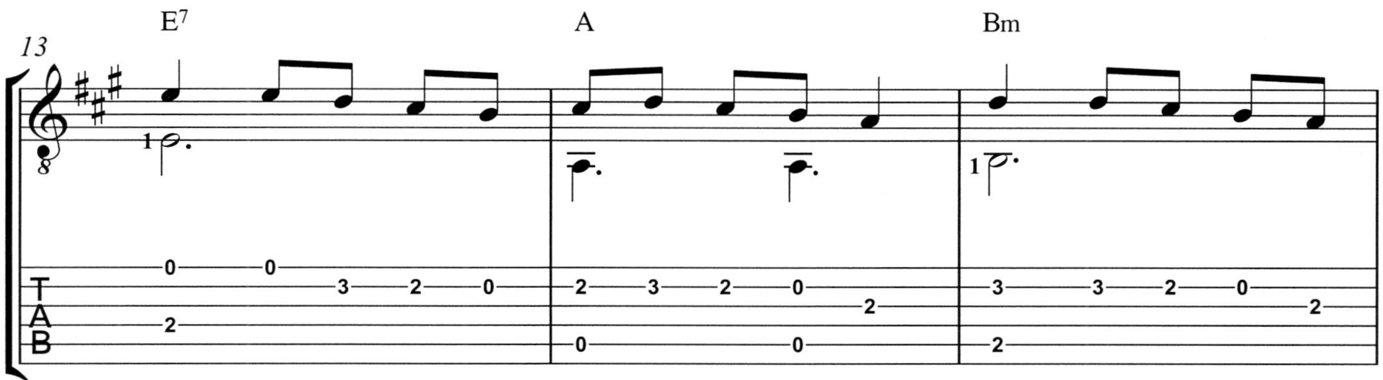


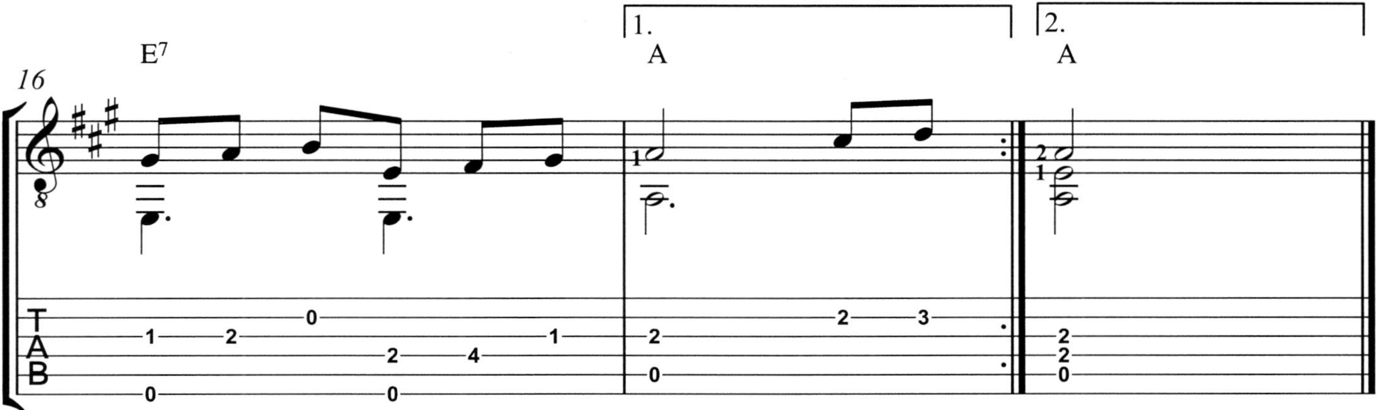


**1. Begleitrhythmus:**

*a. Standardbegleitung:* *b. Grundton des Akkord mit Struming:*

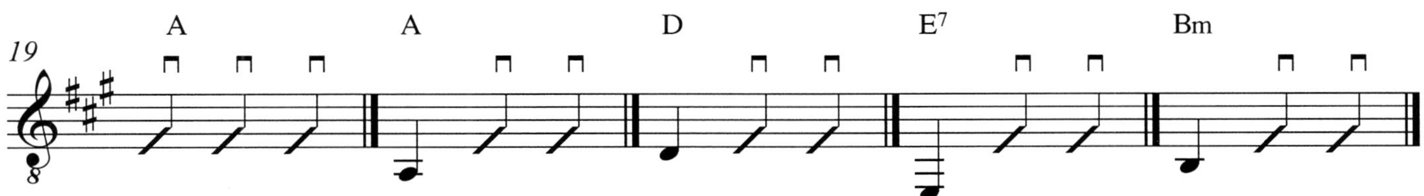


**2. Folkpicking:**

*a. Standardbegleitung:*

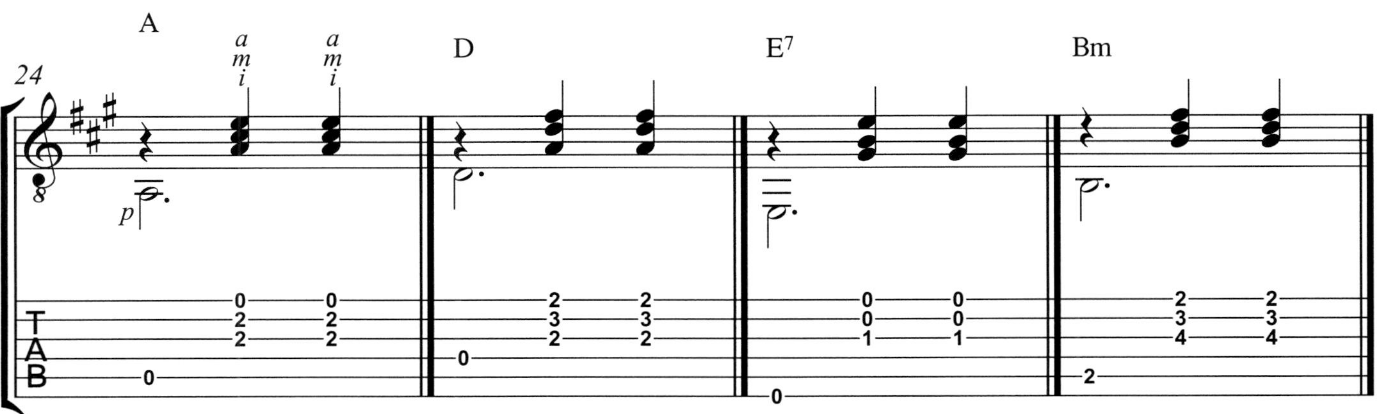

# 2. Over the Moor

(Celtic Waltz)

Traditional
Bearbeitung: Volker Luft

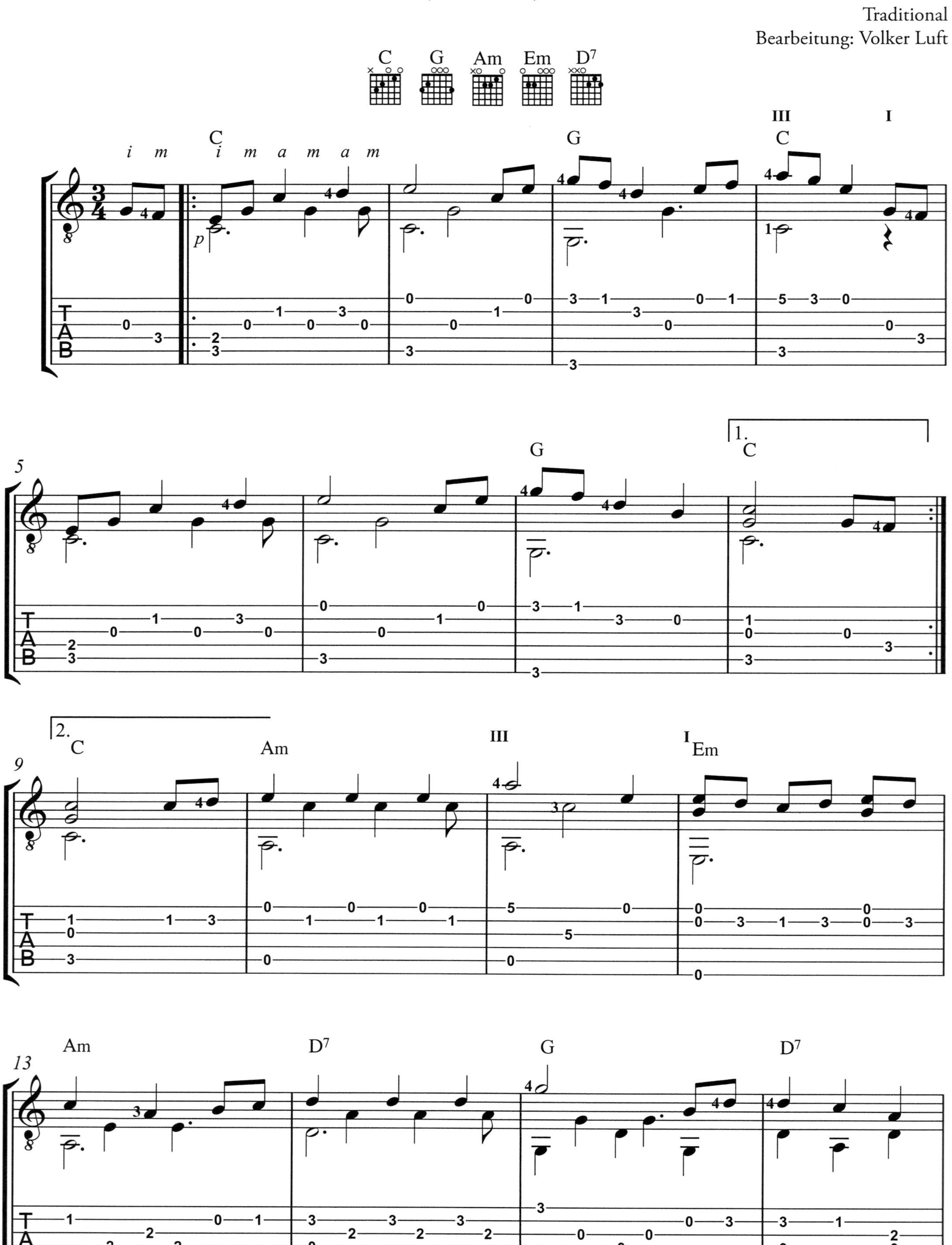

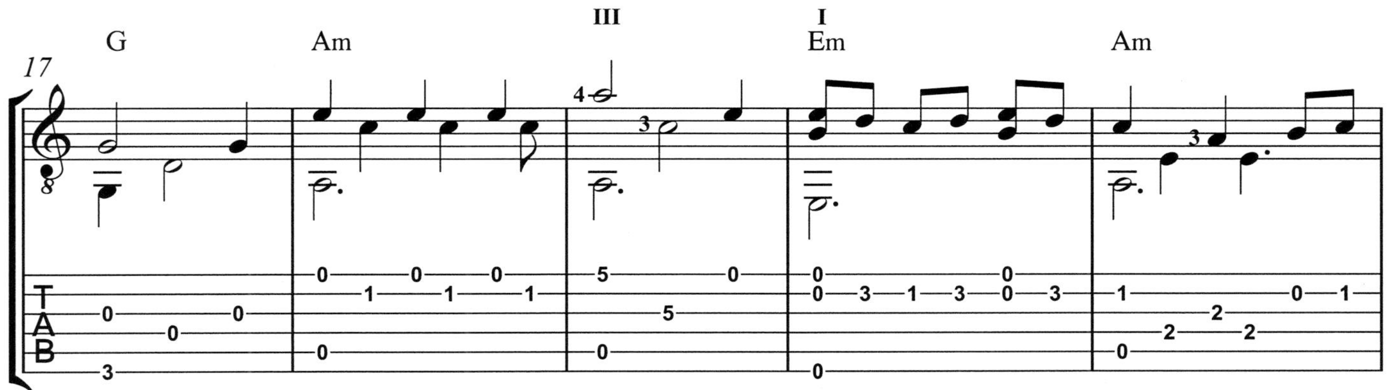


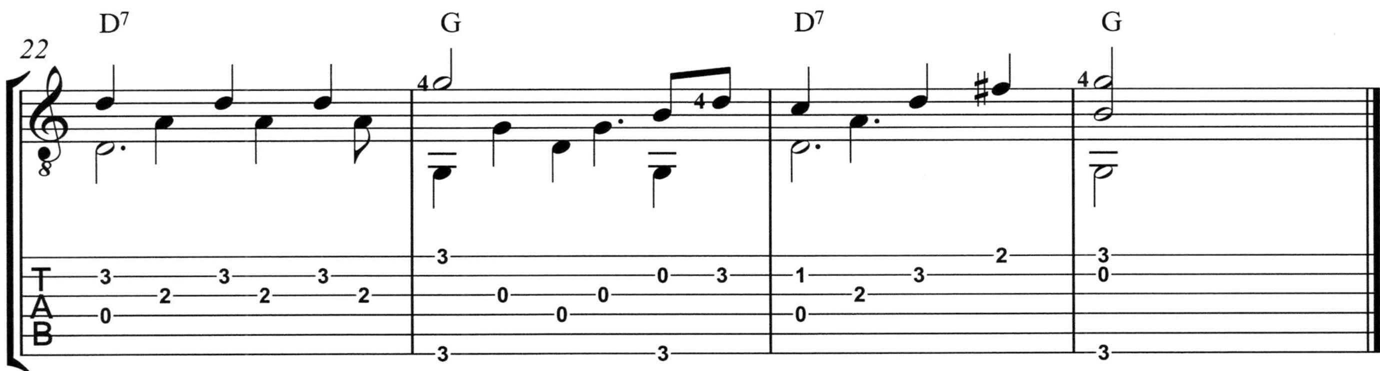


### 1. Begleitrhythmus:

*a. Standardbegleitung:*

*b. Variation der Standardbegleitung:*

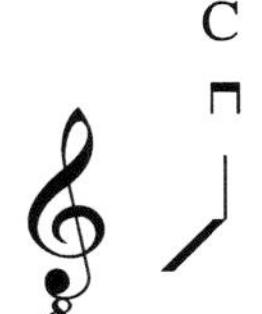
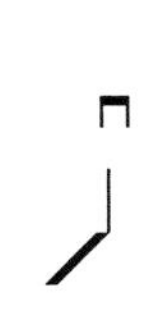
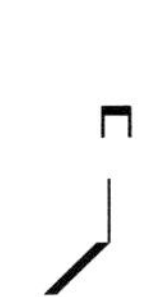
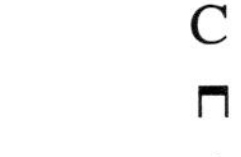

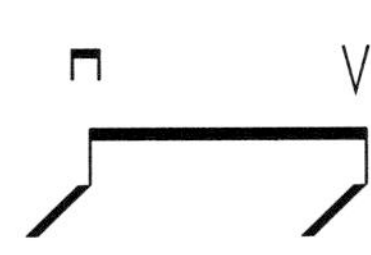
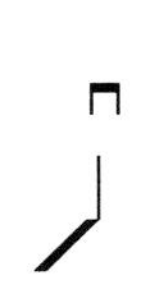


### 2. Folkpicking:

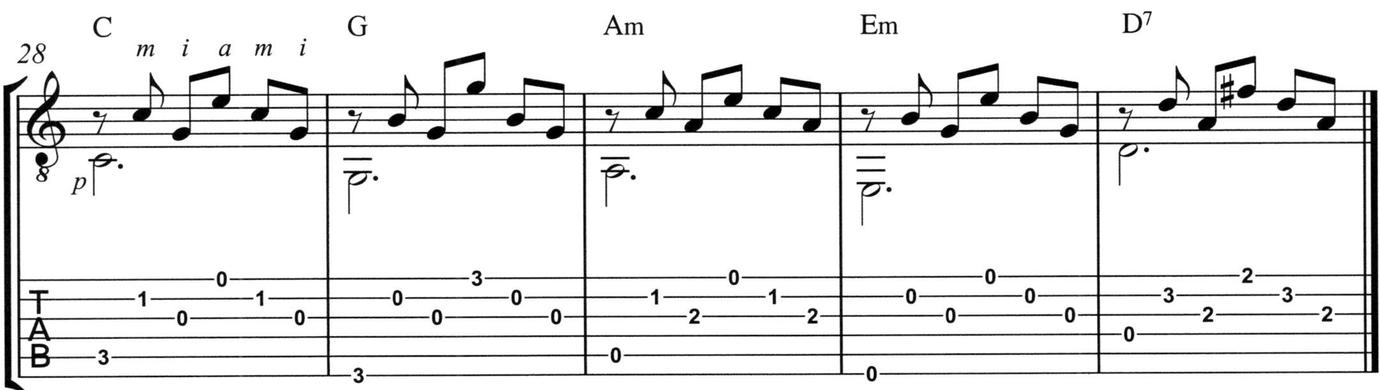

# 3. The Sepherd's Wife

(Celtic Waltz)

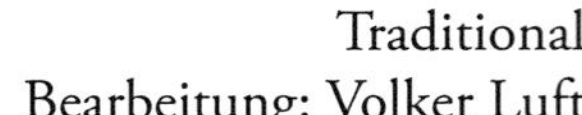


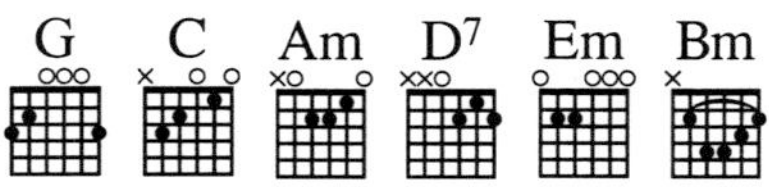


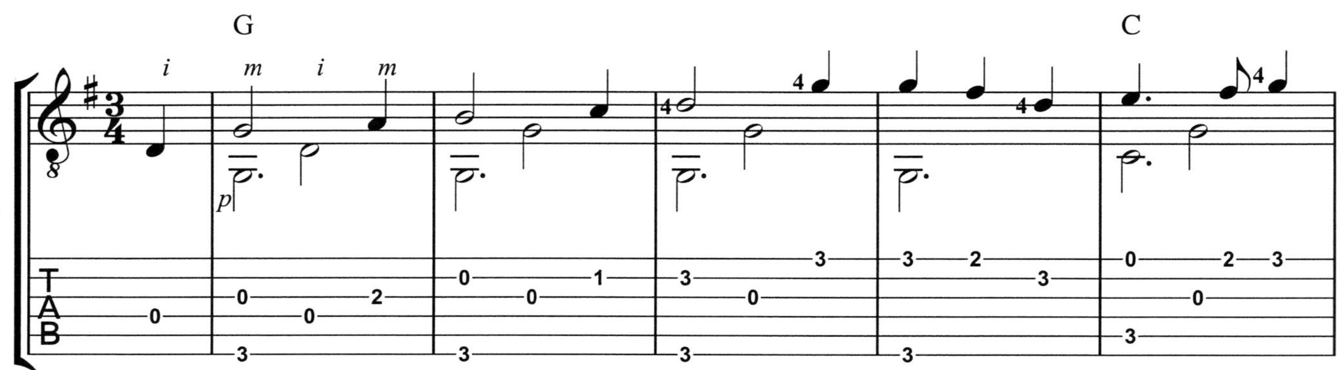


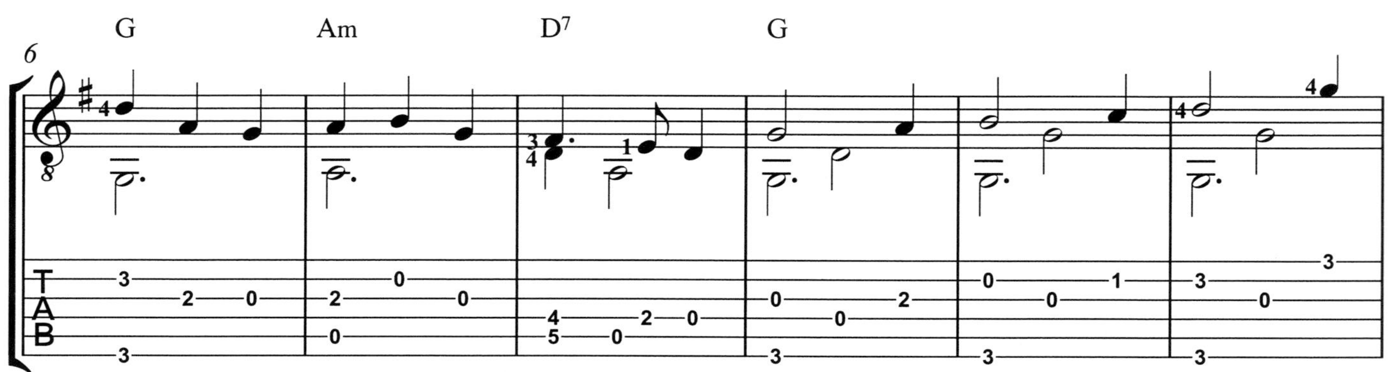


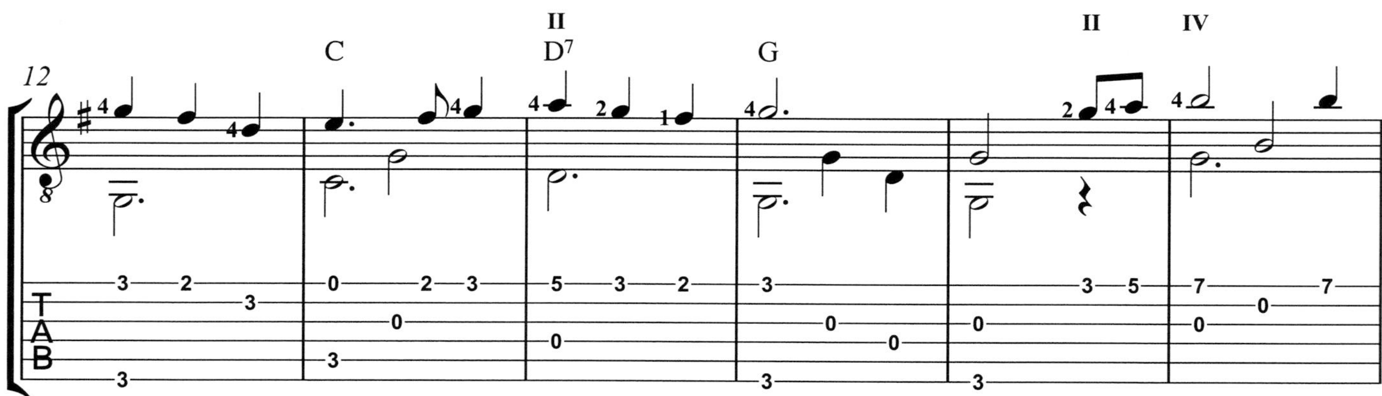


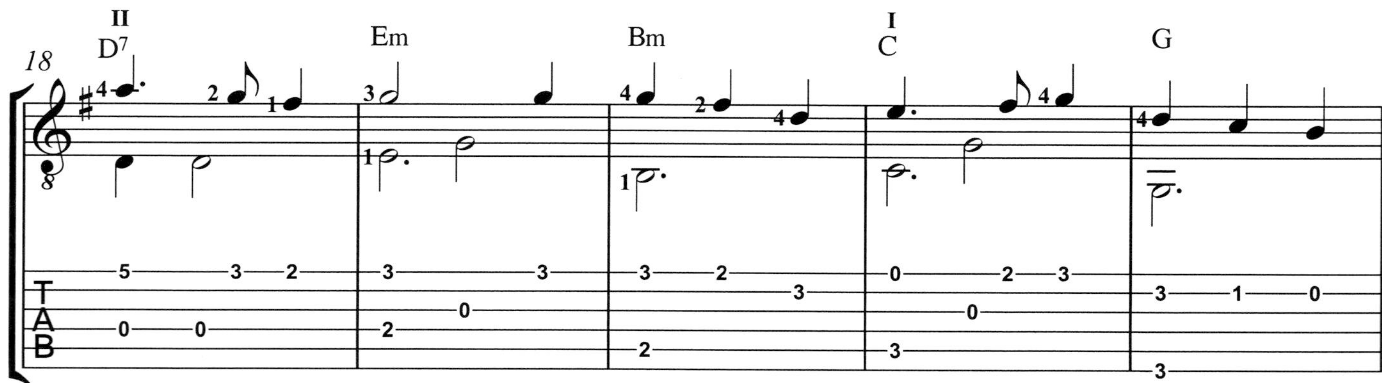

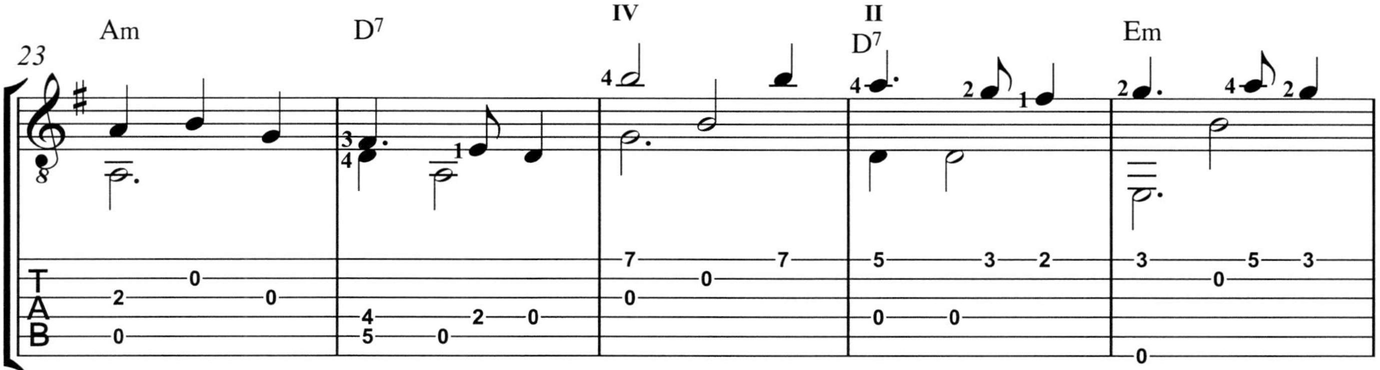


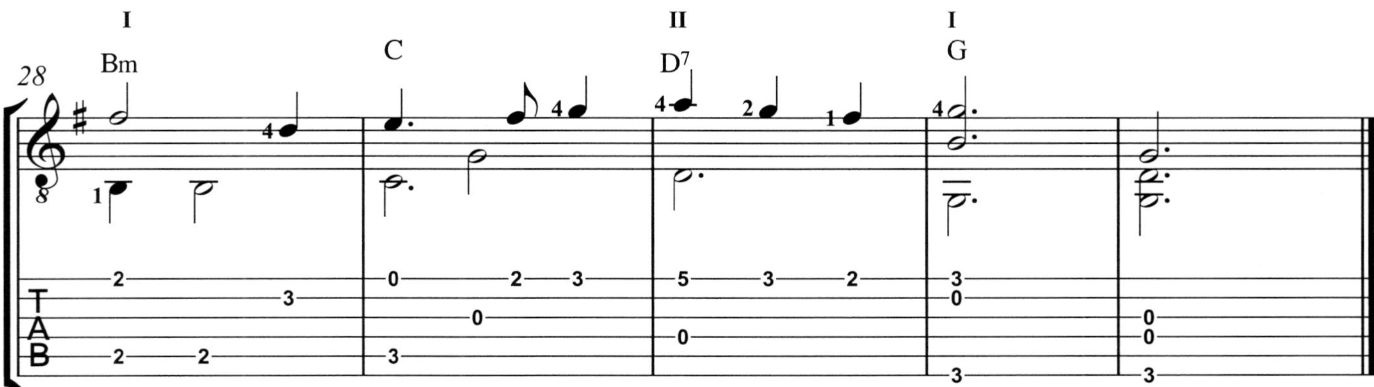


**1. Begleitrhythmus:**

*a. zweitaktige Standardbegleitung:*

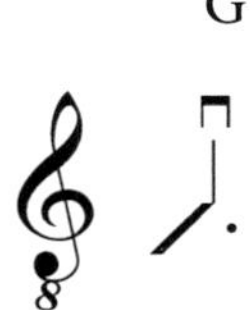

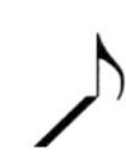
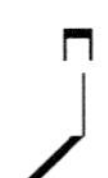
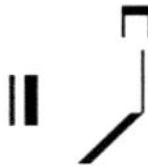
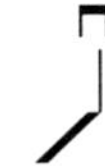
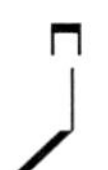

**2. Folkpicking:**

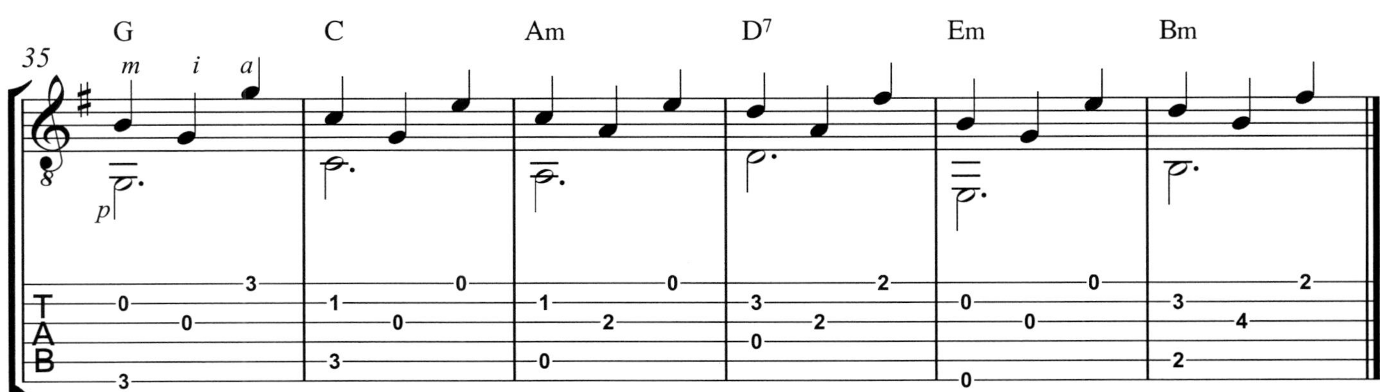

# 4. The Wild Hills of Wannie's

(Celtic Waltz)

Traditional
Bearbeitung: Volker Luft

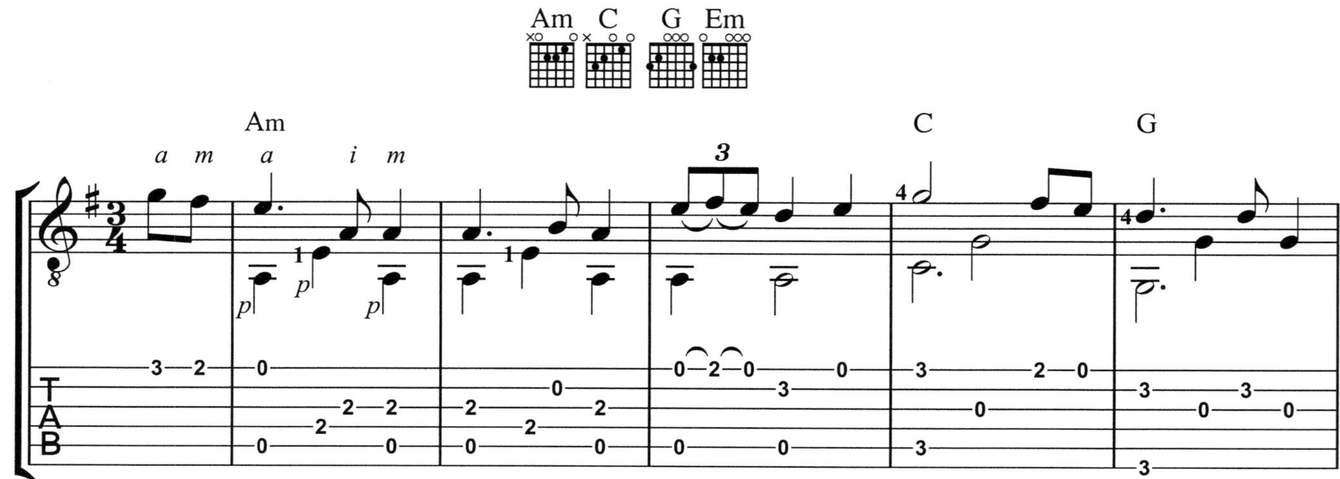


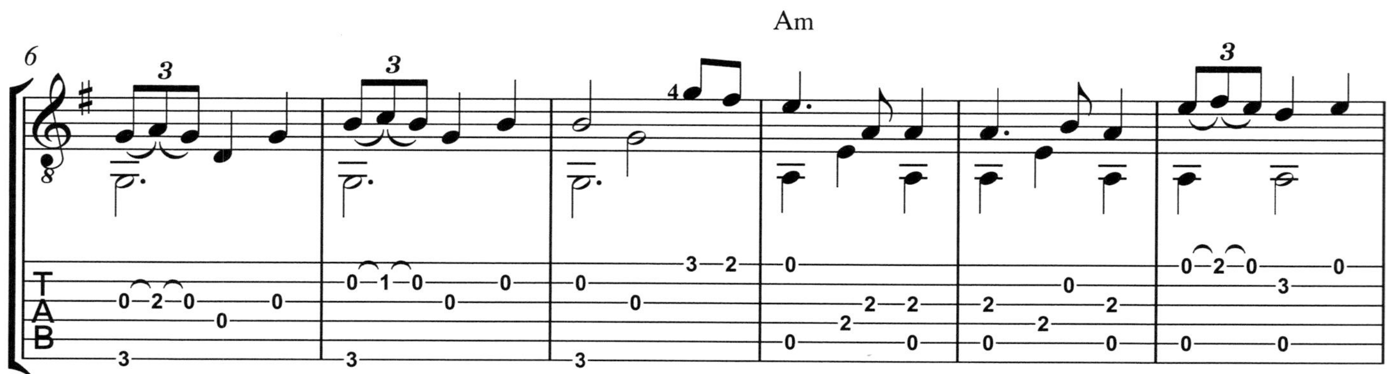


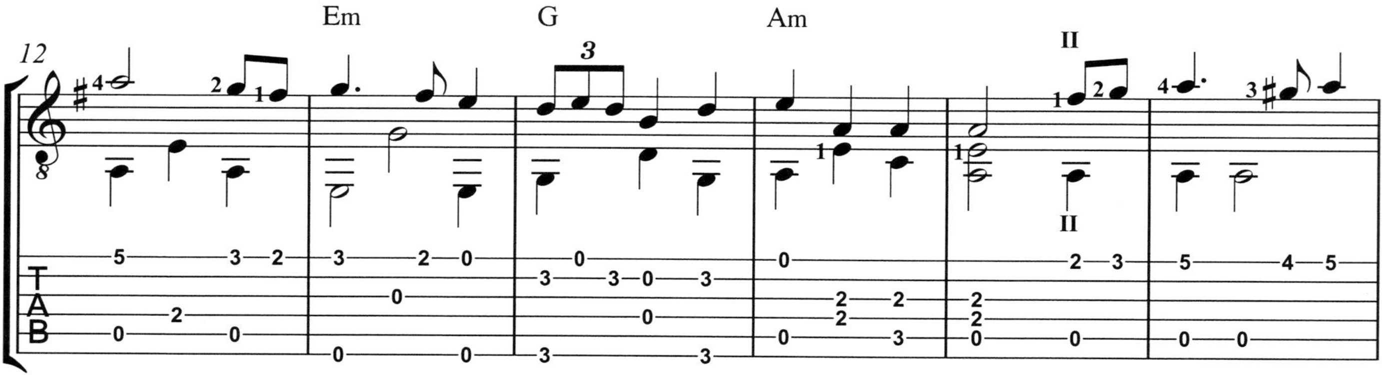


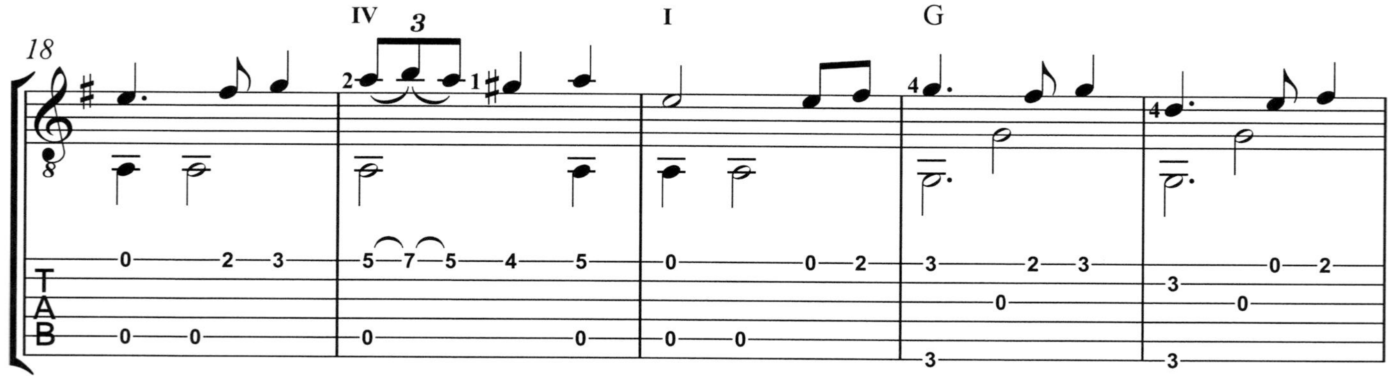

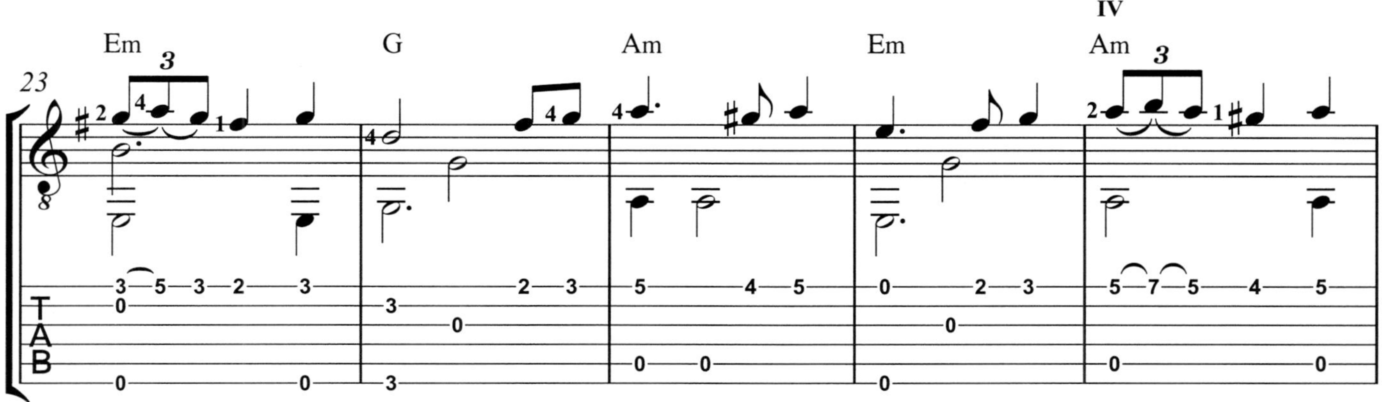


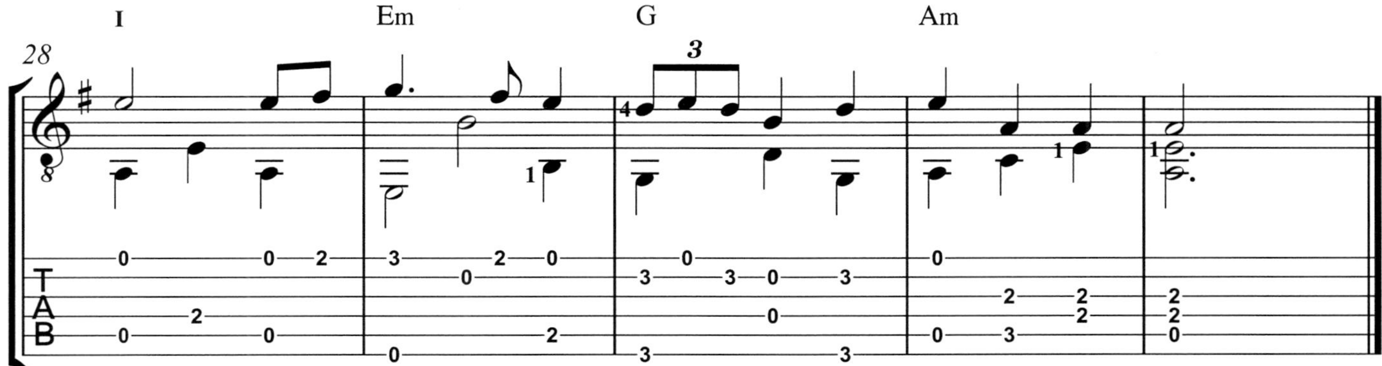


**1. Begleitrhythmus:**

*a. Standardbegleitung:*

*b. anspruchsvollere Begleitung*

Am

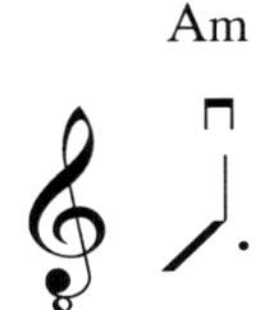
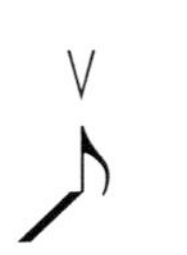
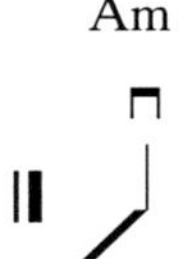

Am

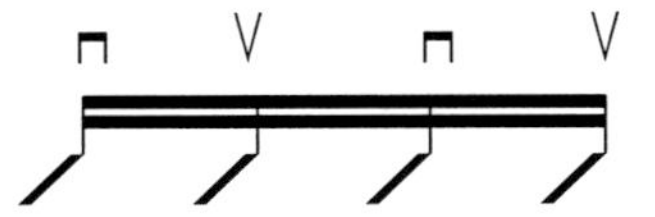
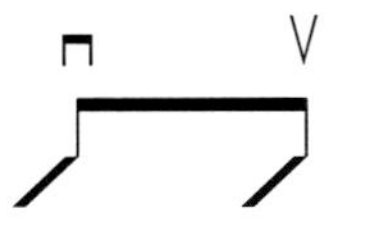

**2. Folkpicking:**

*a. Standardbegleitung:*

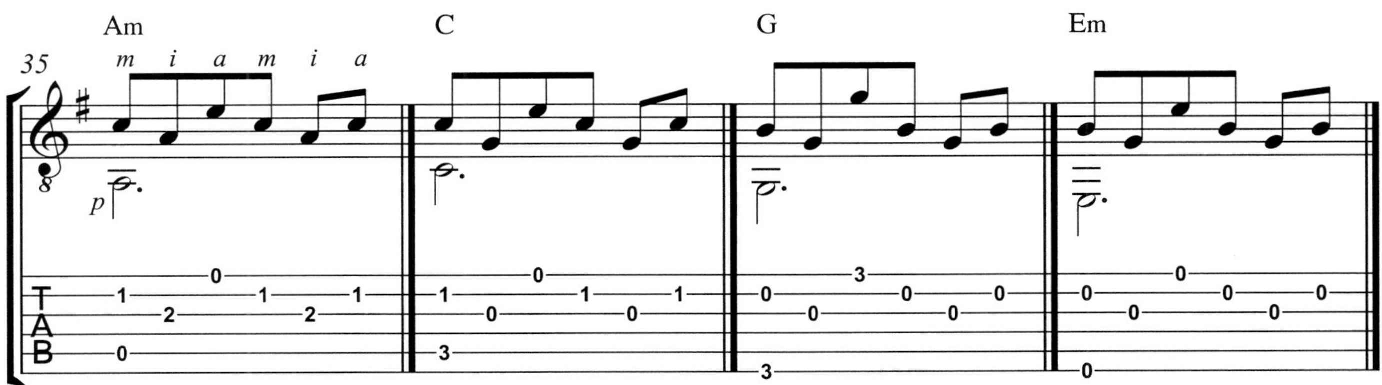

# 5. Southwind

(Air)

Traditional
Bearbeitung: Volker Luft

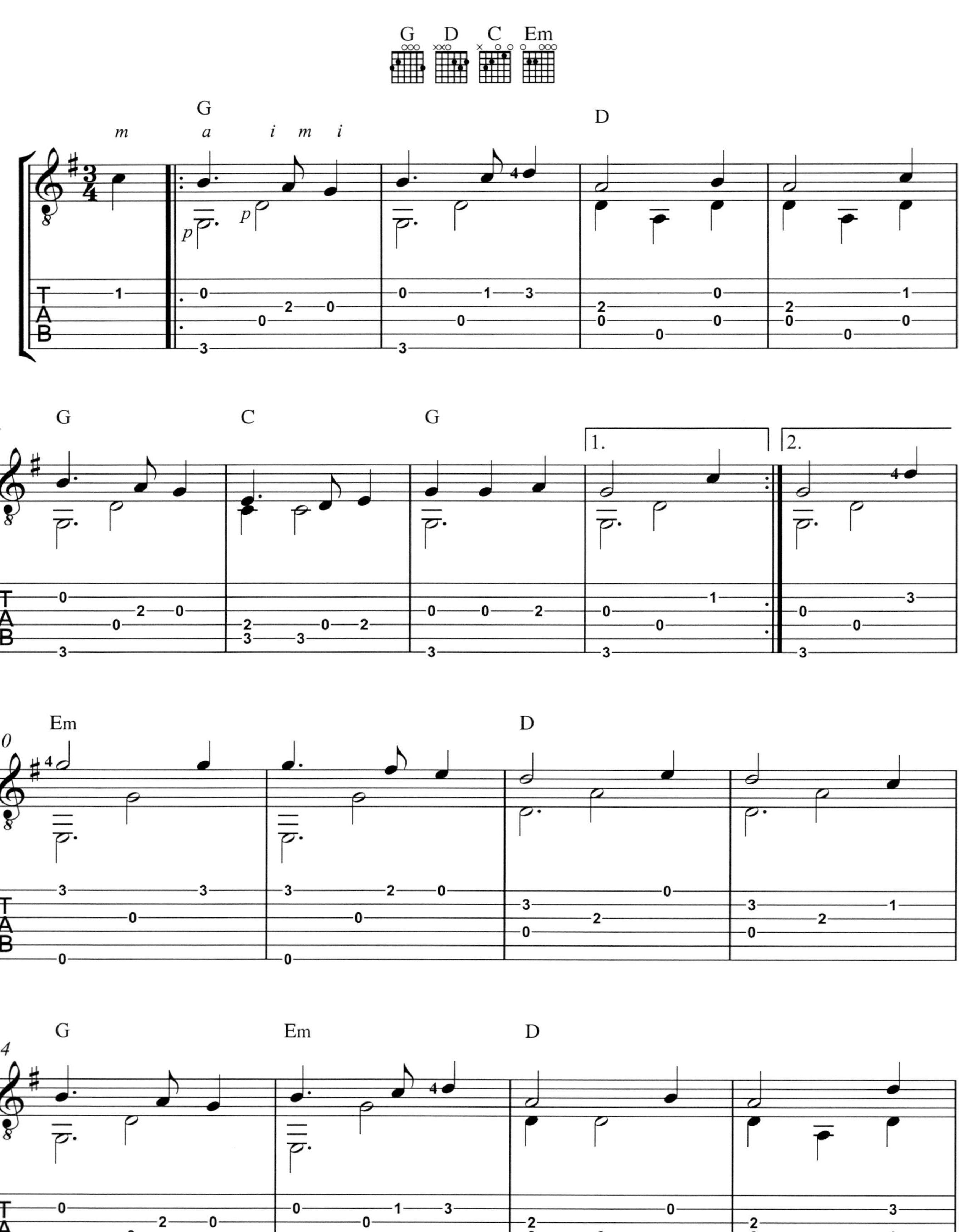

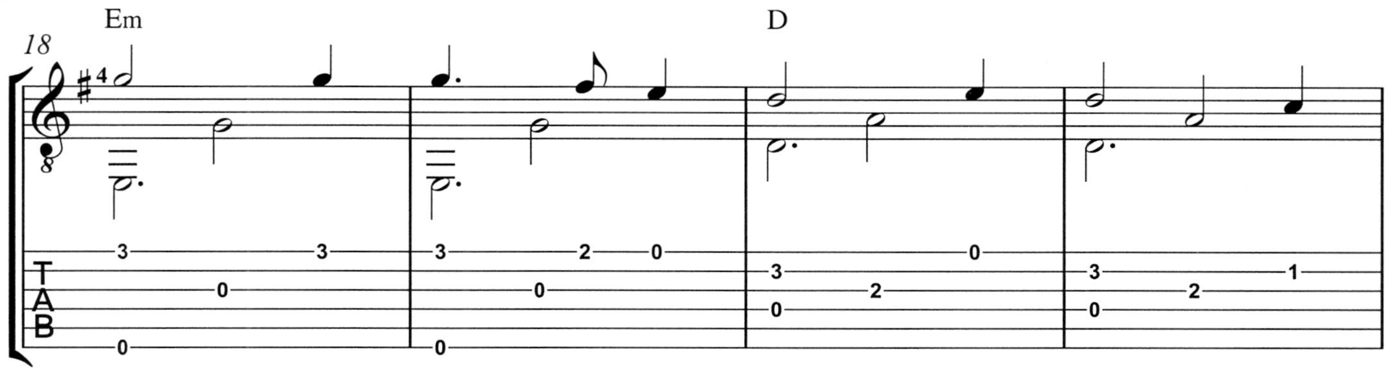


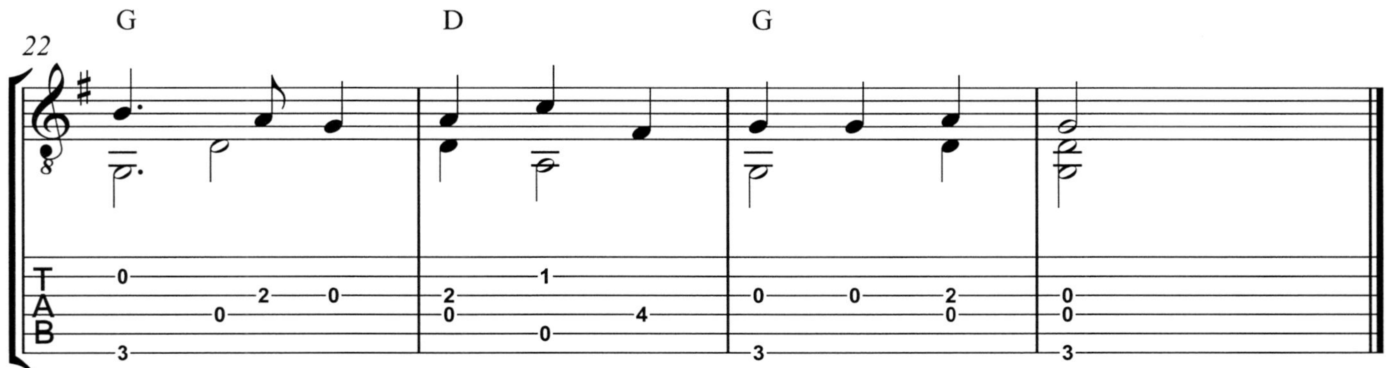


**1. Begleitrhythmus:**

*a. Standardbegleitung:*

*b. Variation Standardbegleitung:*

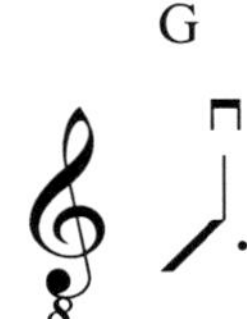

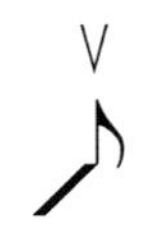
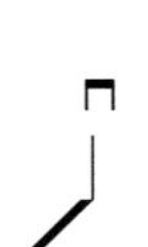
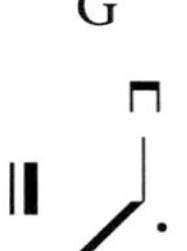

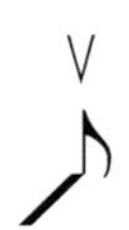
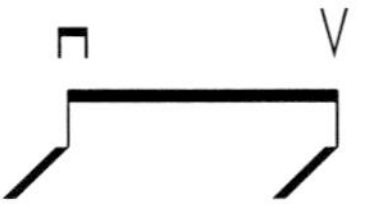

**2. Folkpicking:**

*a. Standardbegleitung:*

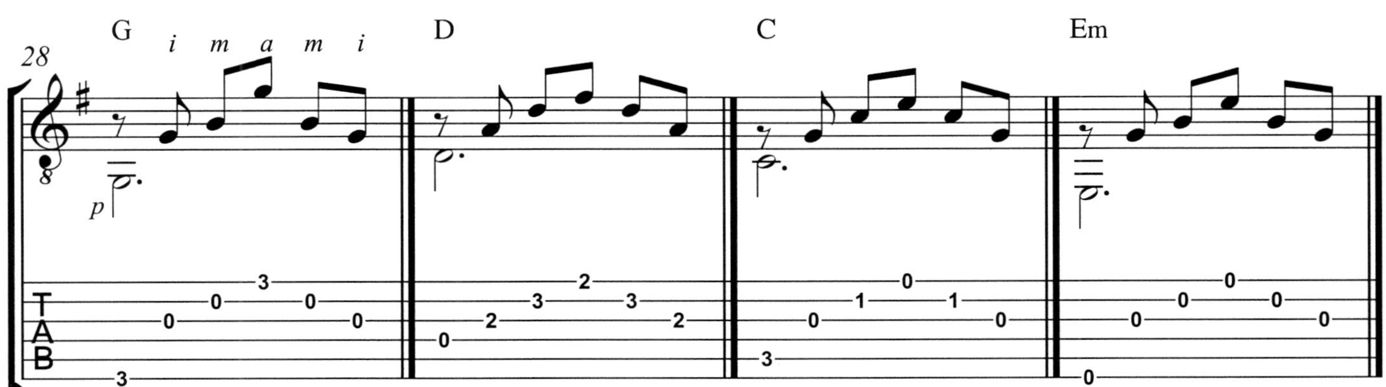

# 6. My Fair Love is Leaving Me

(Air)

Traditional
Bearbeitung: Volker Luft

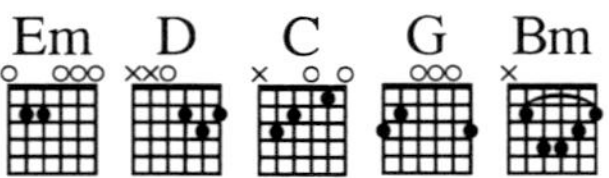


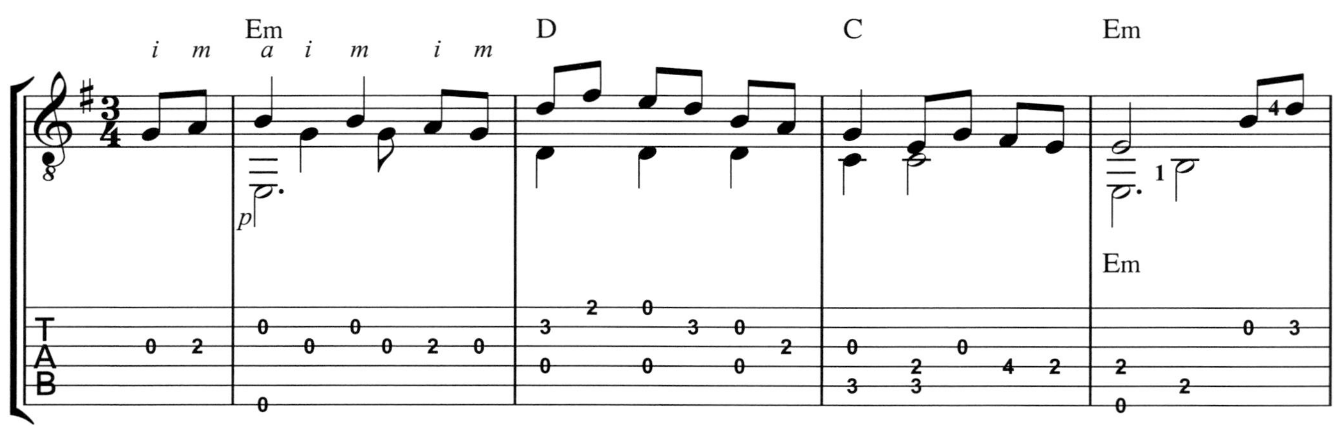


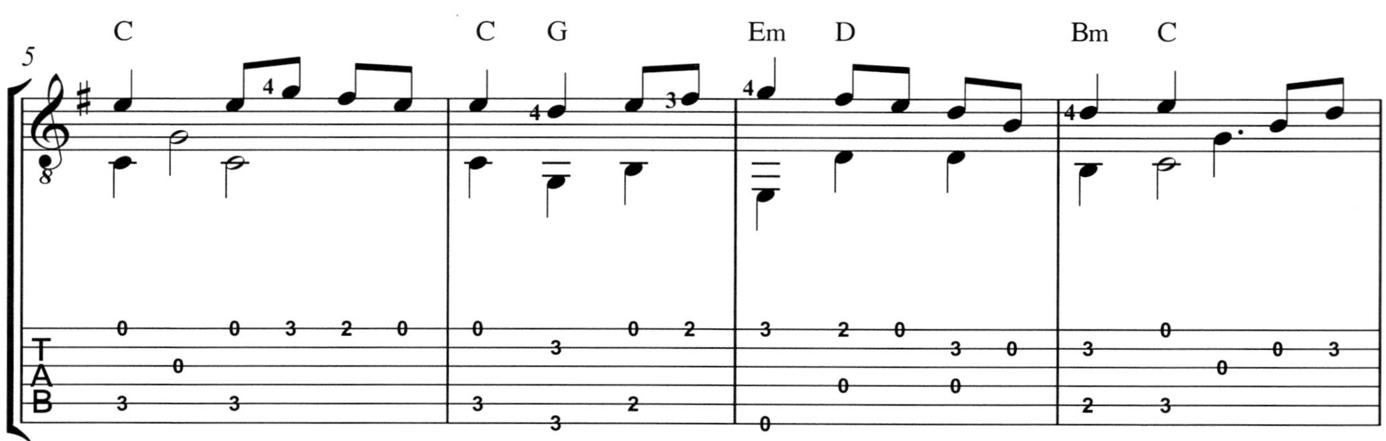


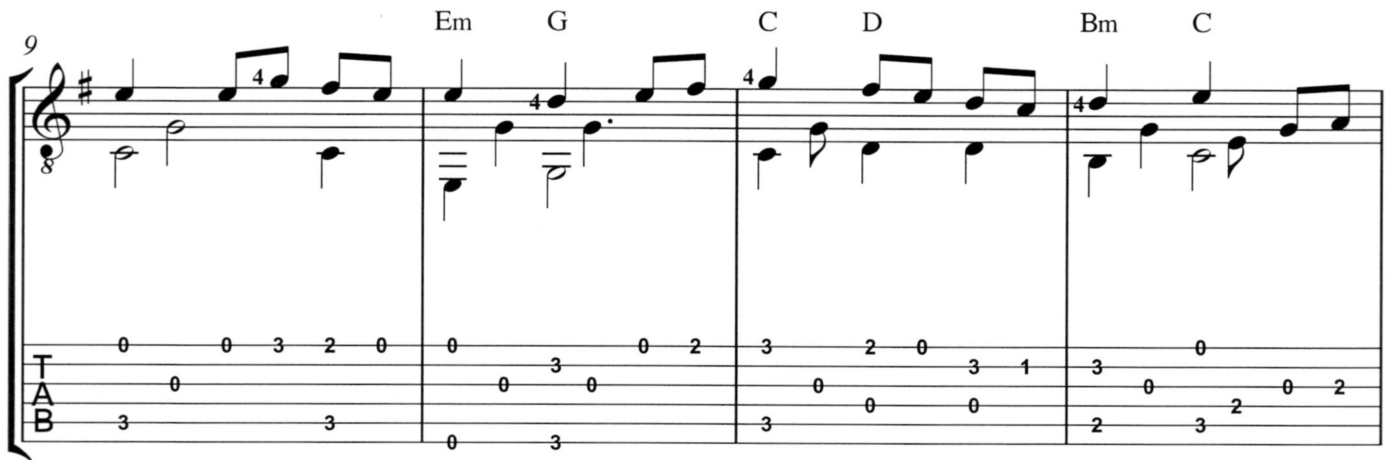

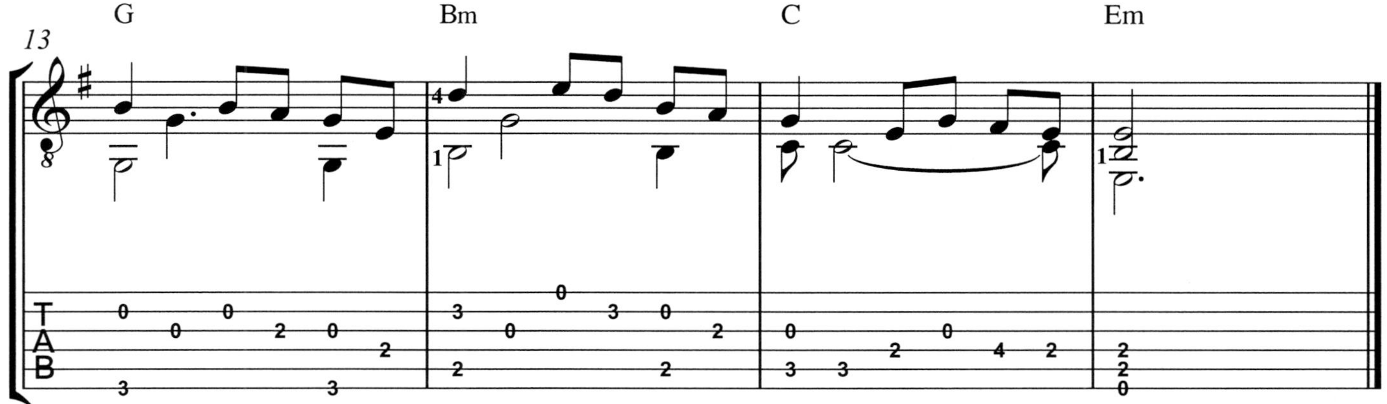


**1. Begleitrhythmus:**

*a. Standardbegleitung:*

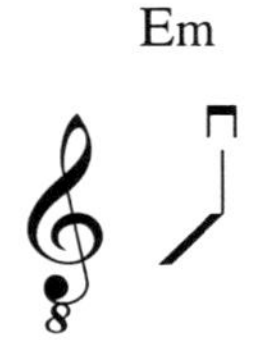
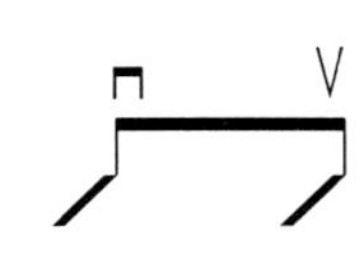
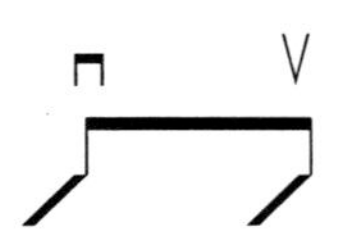

*b. zweifacher Akkordwechsel:*

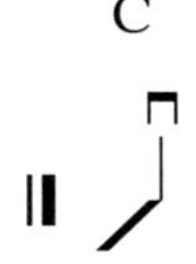
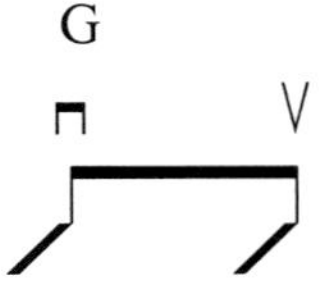
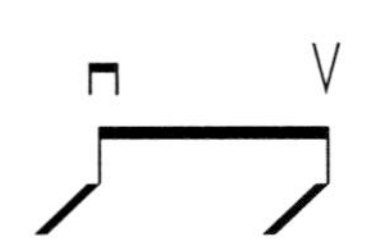

**2. Folkpicking:**

*a. Standardbegleitung:*

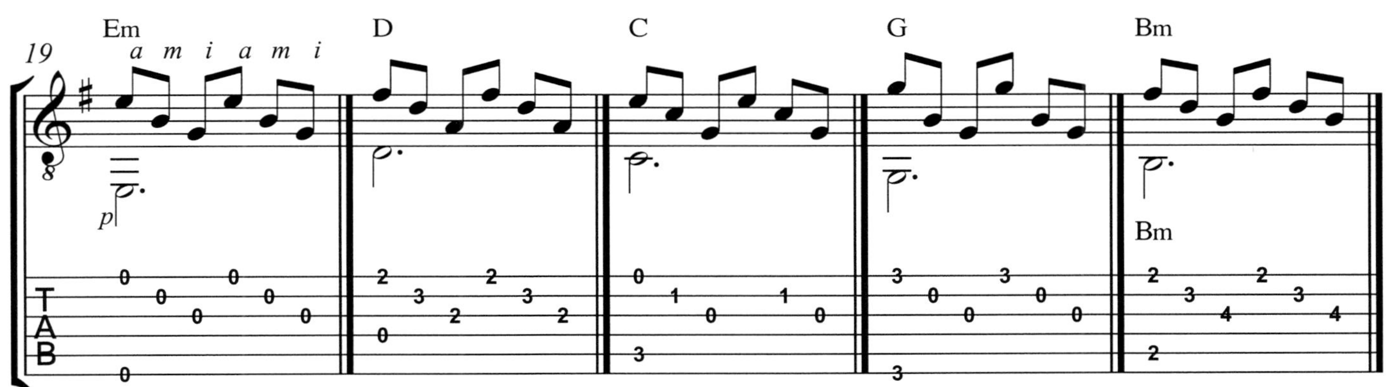


*b. zweifacher Akkordwechsel:*

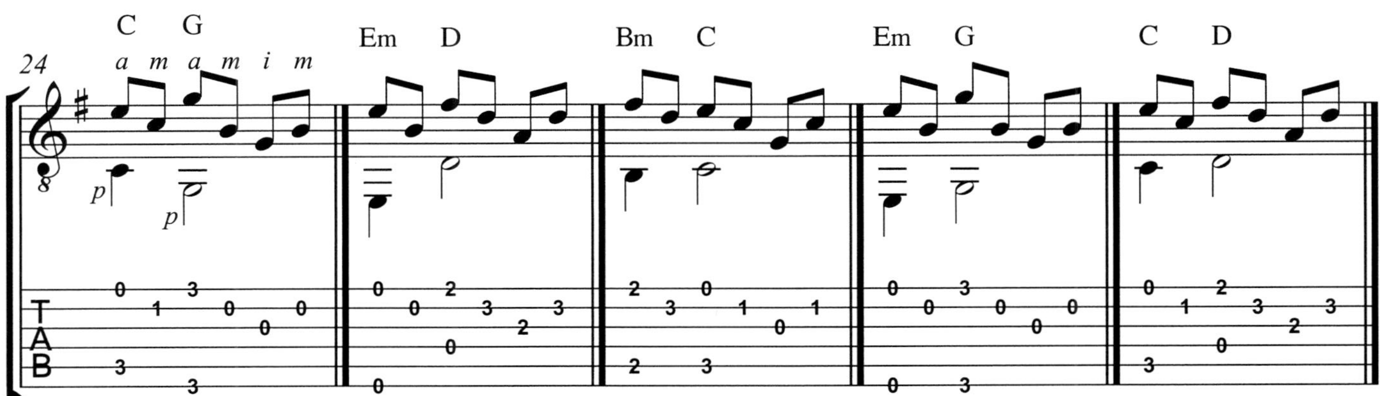

# 7. Sioban Dhuibhir

(Air)

Traditional
Bearbeitung: Volker Luft

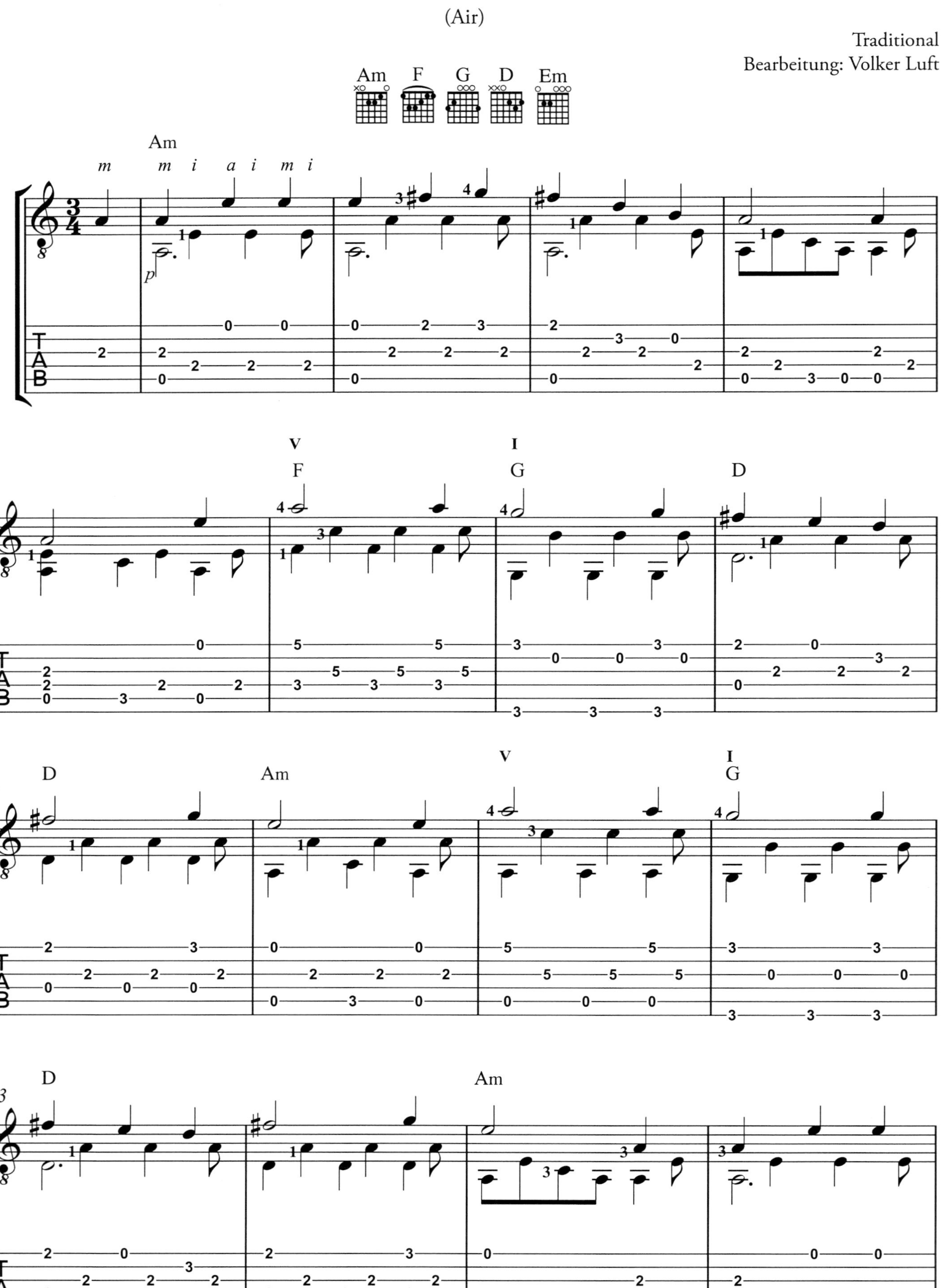

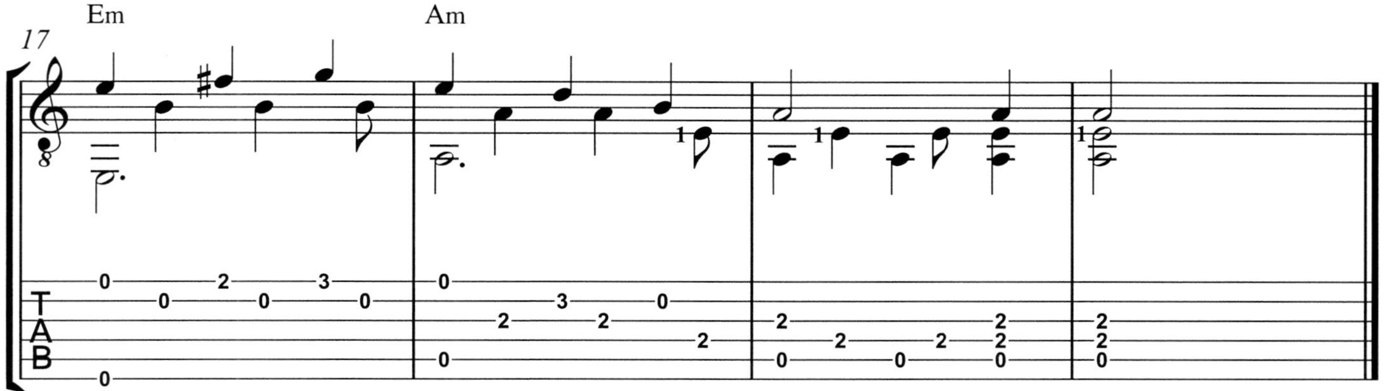


**1. Begleitrhythmus:**

*Standardbegleitung über zwei Takte:*

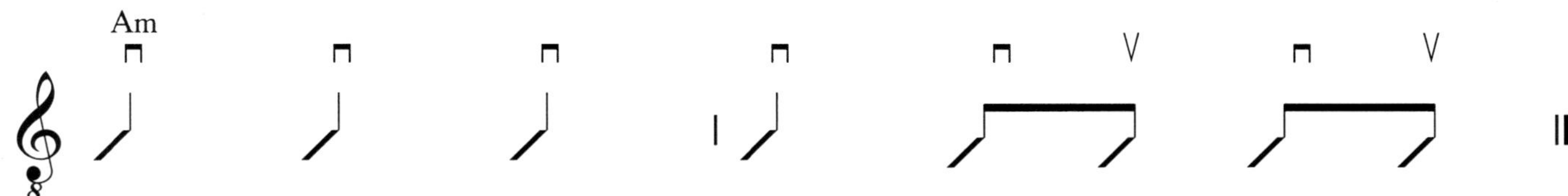


**2. Folkpicking:**

*Standardbegleitung:*

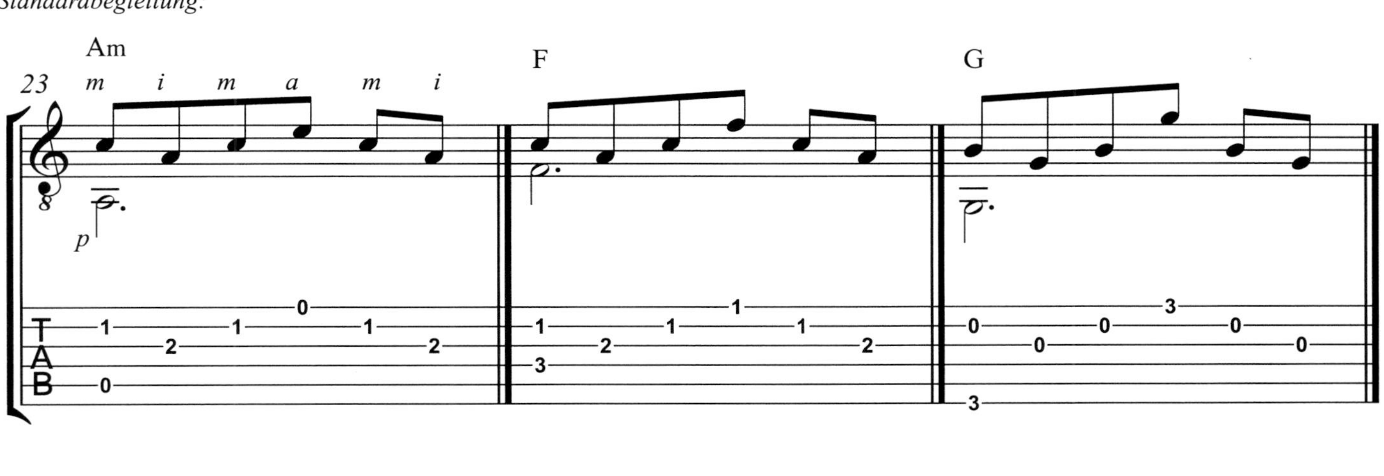


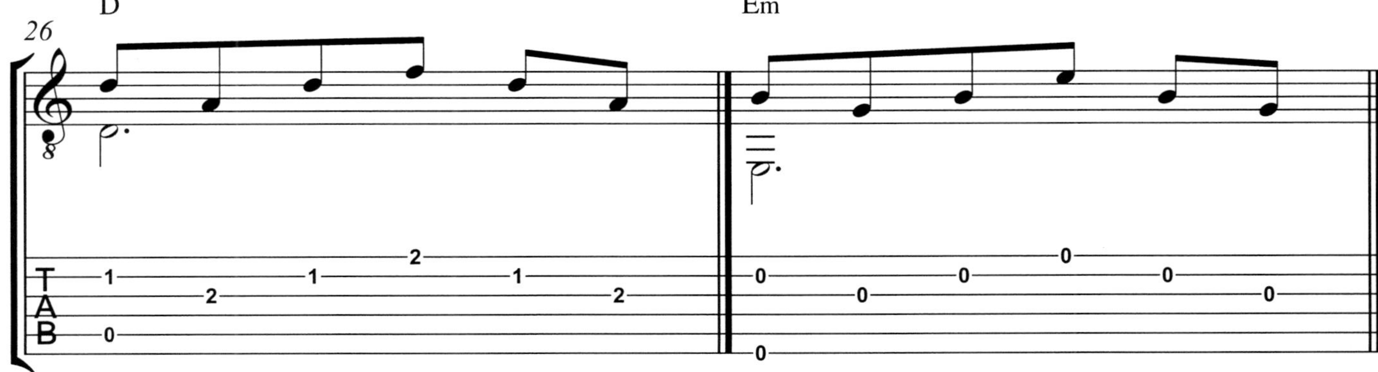

# 8. Shady Bohereen

(Air)

Traditional
Bearbeitung: Volker Luft

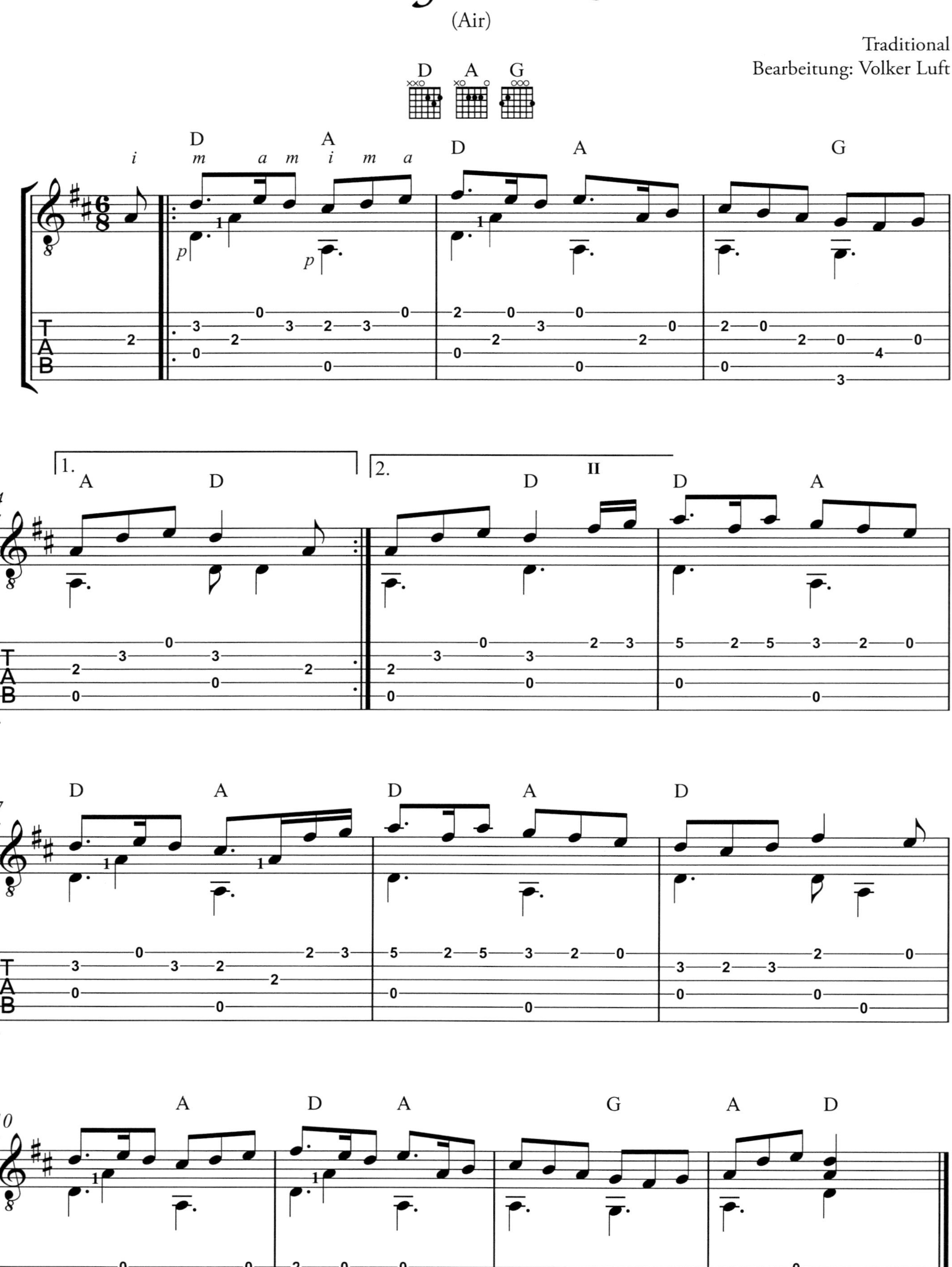

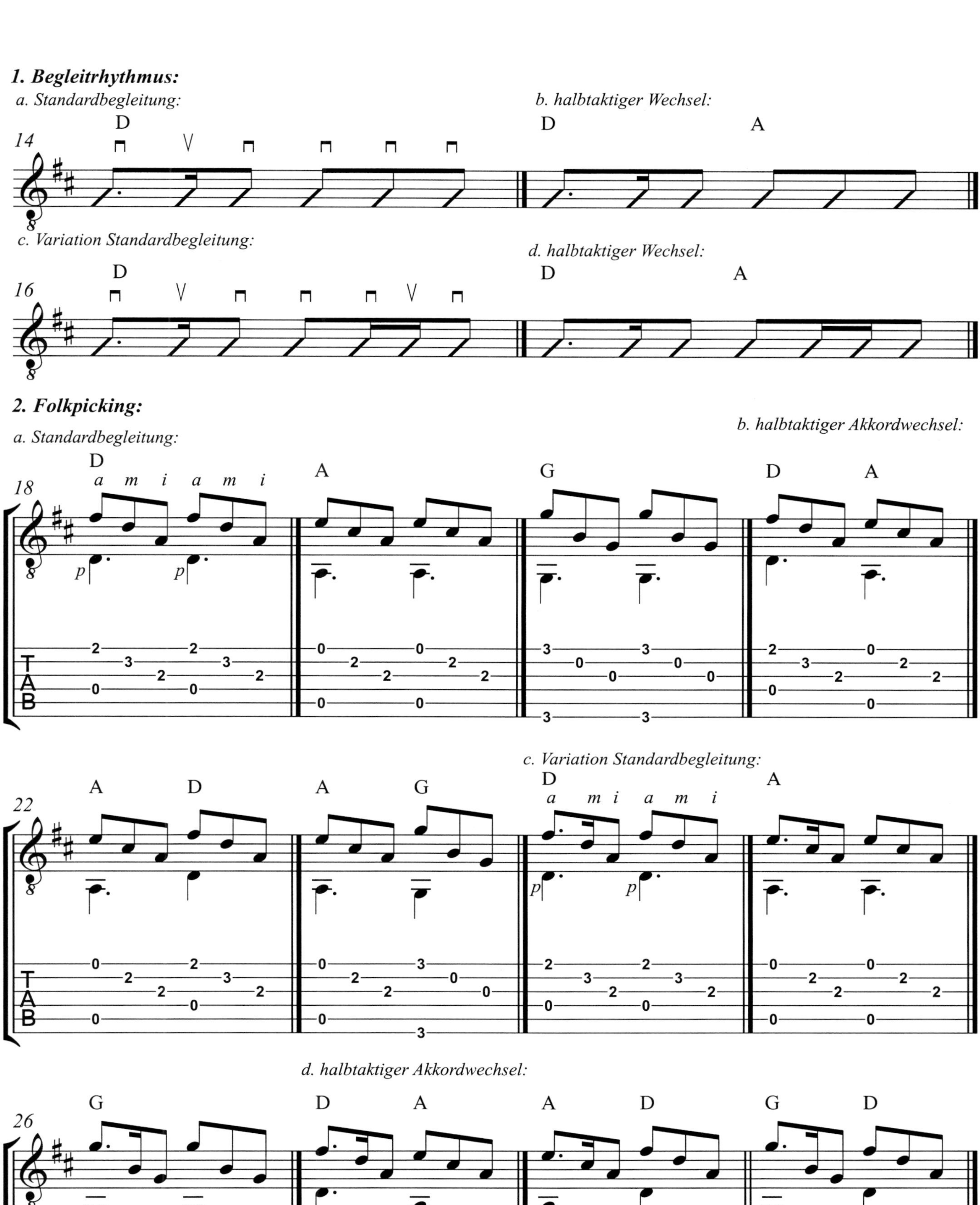
1. Begleitrhythmus:
a. Standardbegleitung:
b. halbtaktiger Wechsel:
c. Variation Standardbegleitung:
d. halbtaktiger Wechsel:
2. Folkpicking:
a. Standardbegleitung:
b. halbtaktiger Akkordwechsel:
c. Variation Standardbegleitung:
d. halbtaktiger Akkordwechsel:

# 9. The Banks of the Suir

(Air)

Traditional
Bearbeitung: Volker Luft

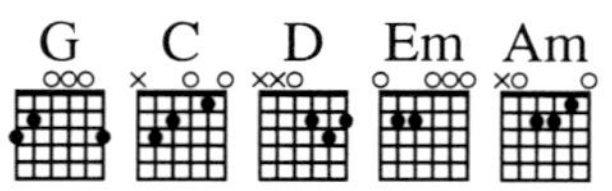


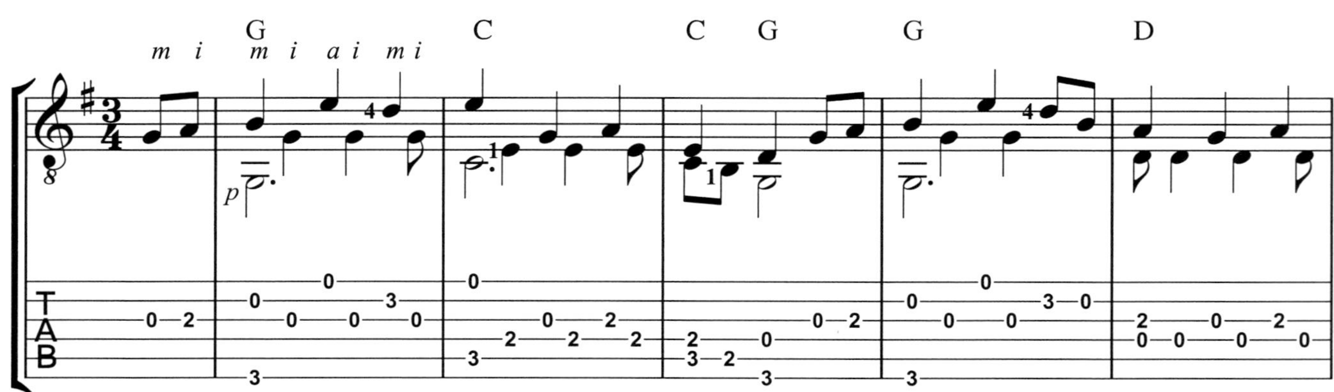


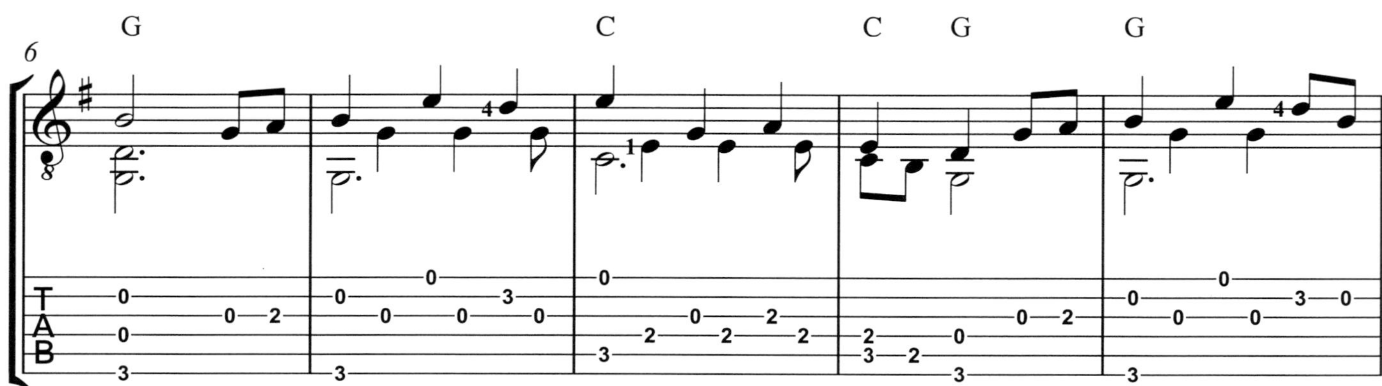


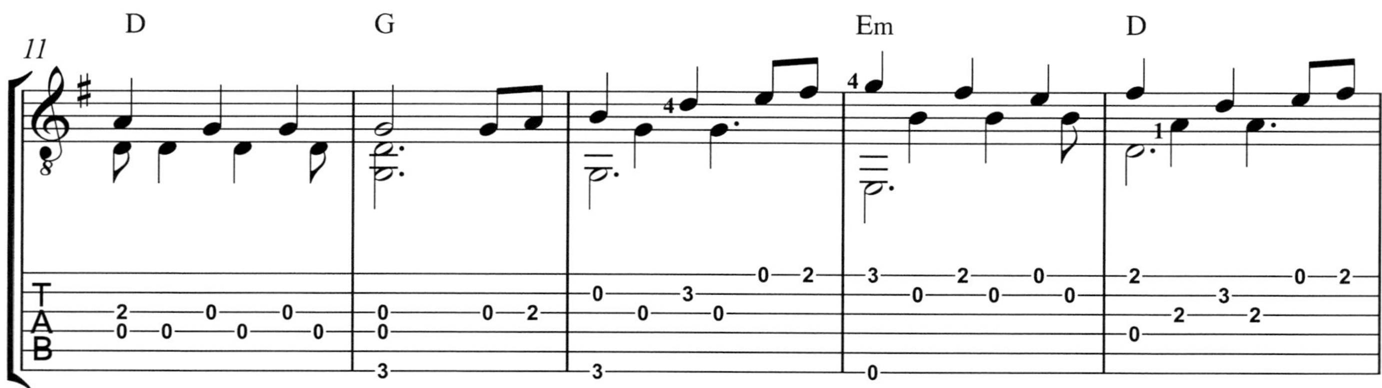


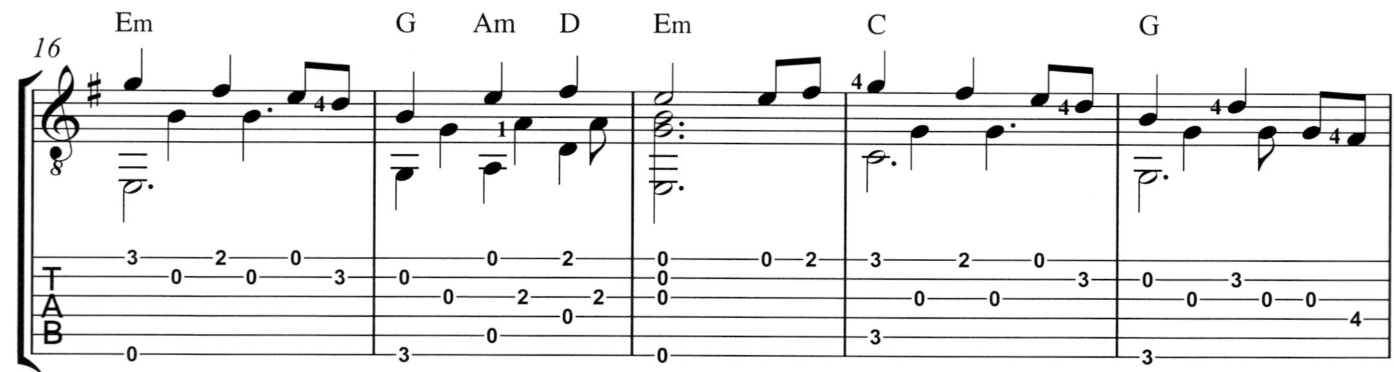

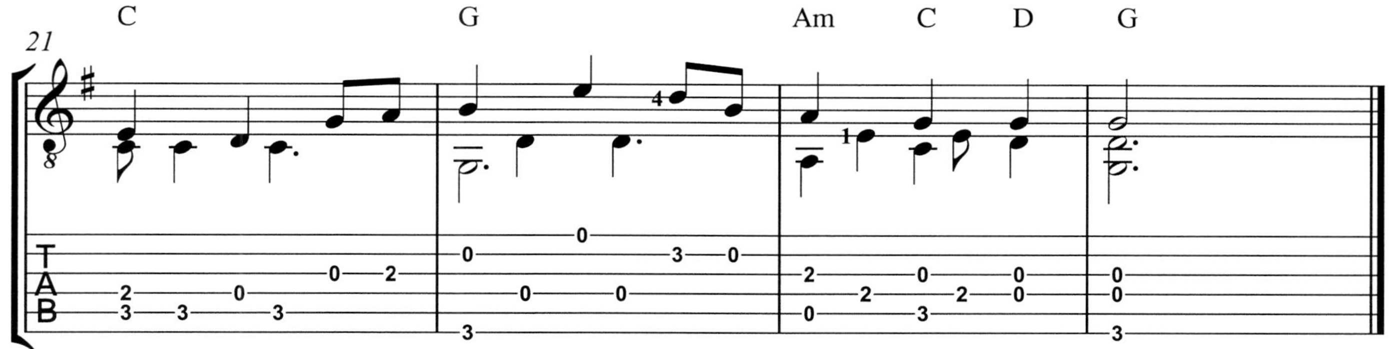


**1. Begleitrhythmus:**

*a. Standardbegleitung:*

*b. Variation Standardbegleitung:*

*c. zweifacher Akkordwechsel:*

*d. dreifacher Akkordwechsel:*

G G C G G Am D

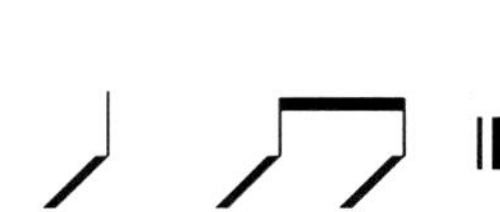
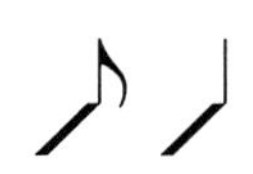
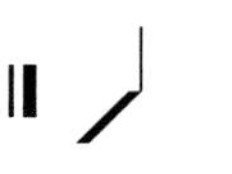
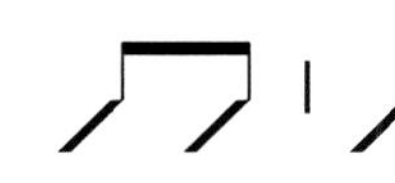
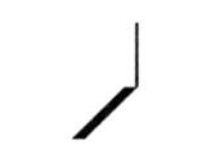
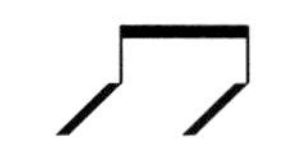

**2. Folkpicking:**

*a. Standardbegleitung:*

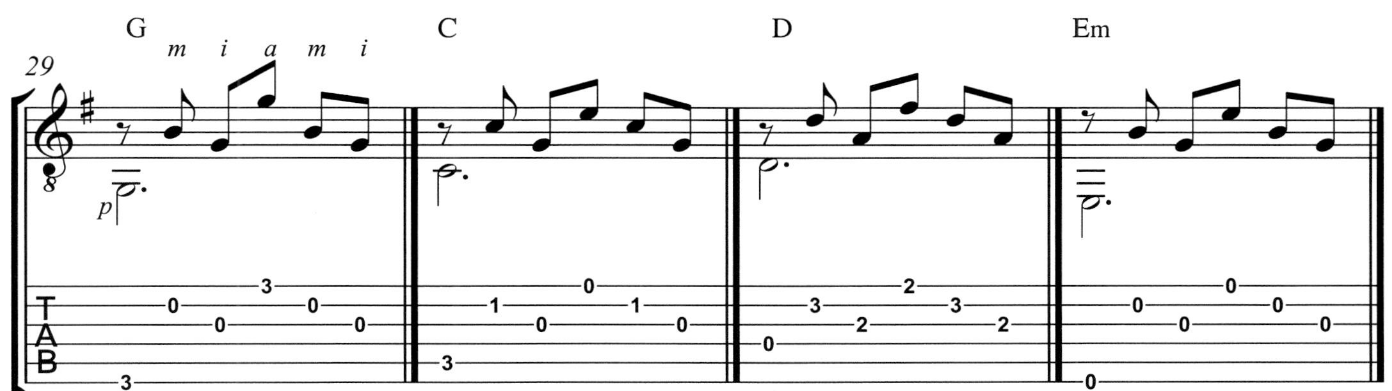


*b. zweifacher Akkordwechsel:*

*c. dreifacher Akkordwechsel:*

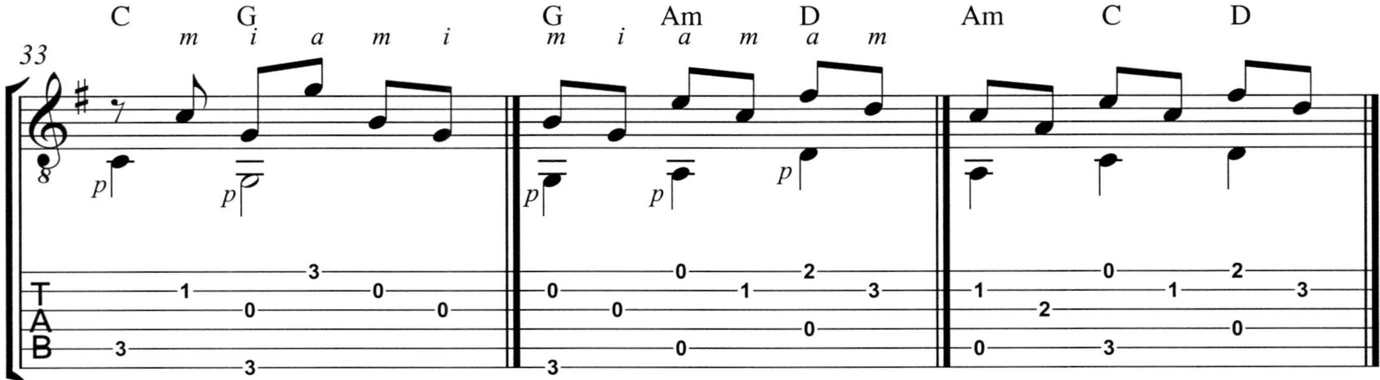

# 10. Has Sarrow Thy Young Days Shaded

(Air)

Traditional
Bearbeitung: Volker Luft

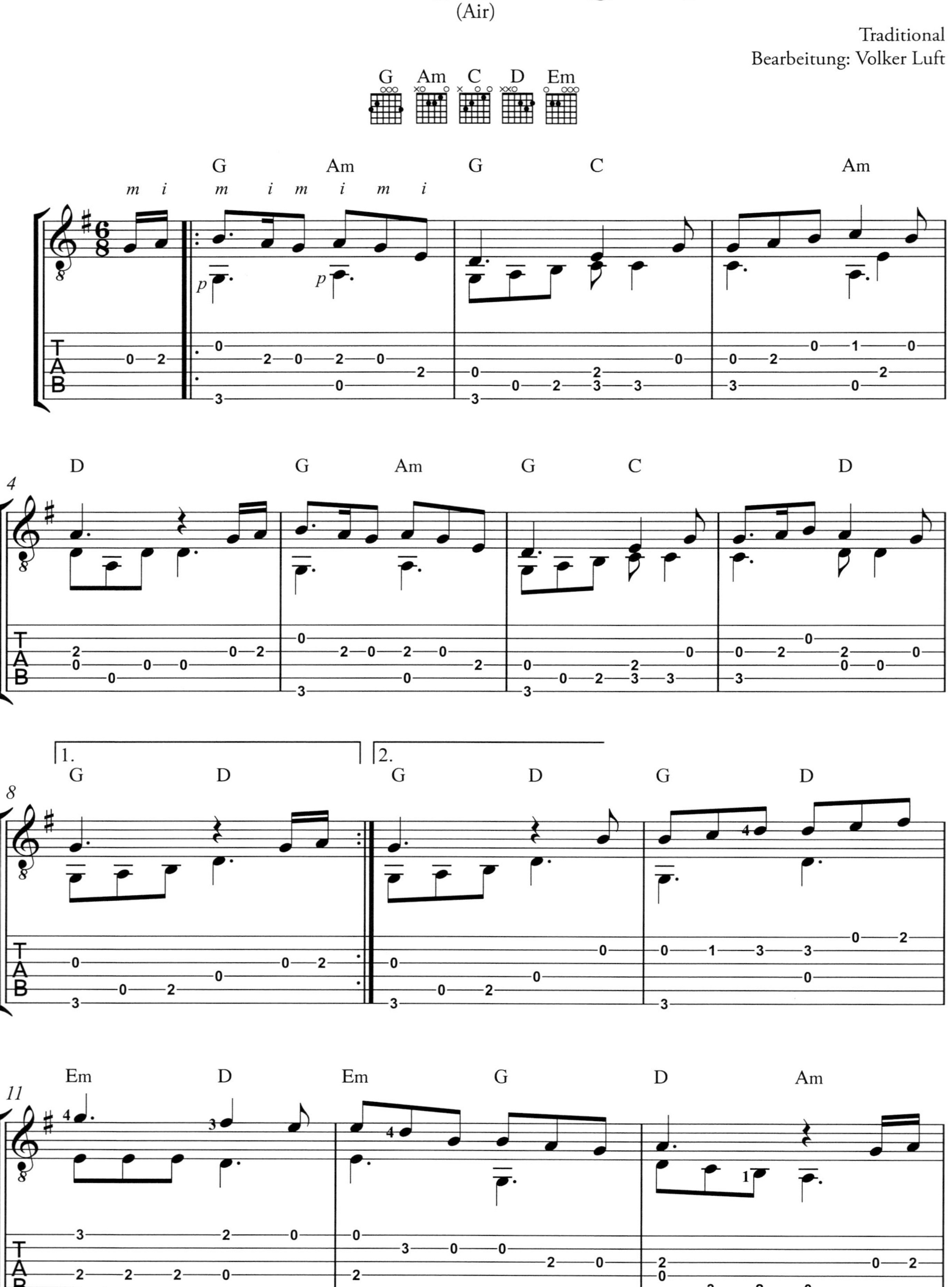

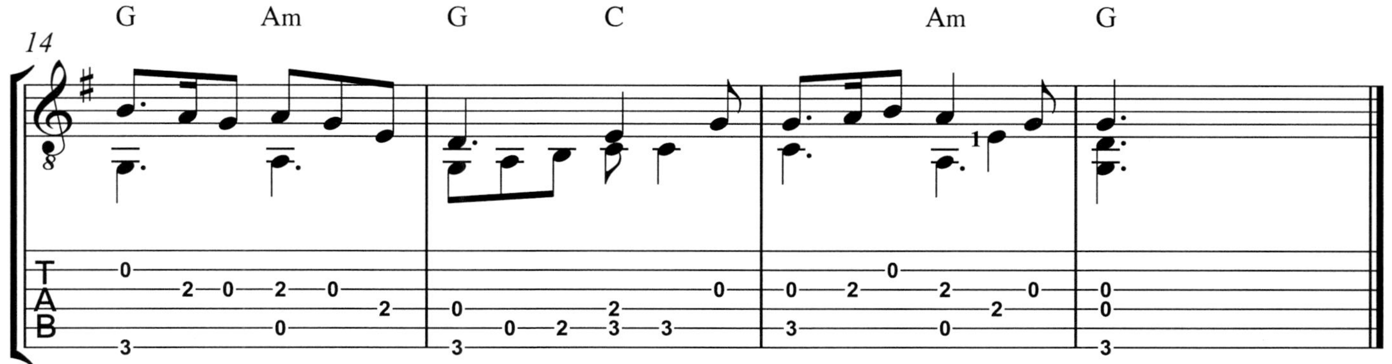


**1. Begleitrhythmus:**

*a. Standardbegleitung:*

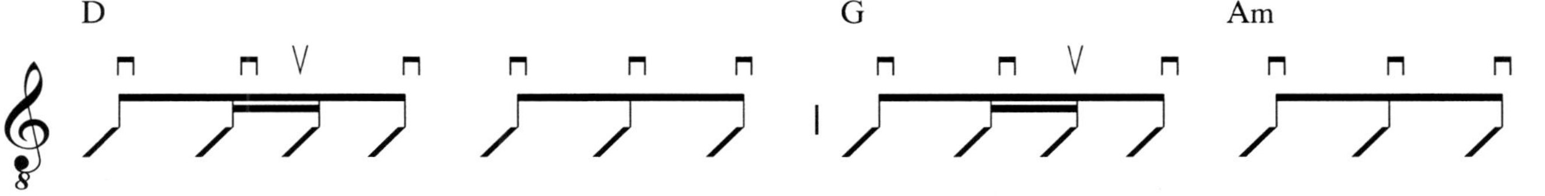


*b. Variation Standardbegleitung:*

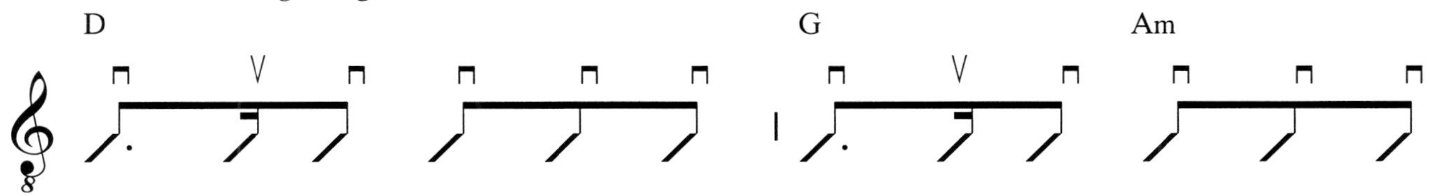


**2. Folkpicking:**

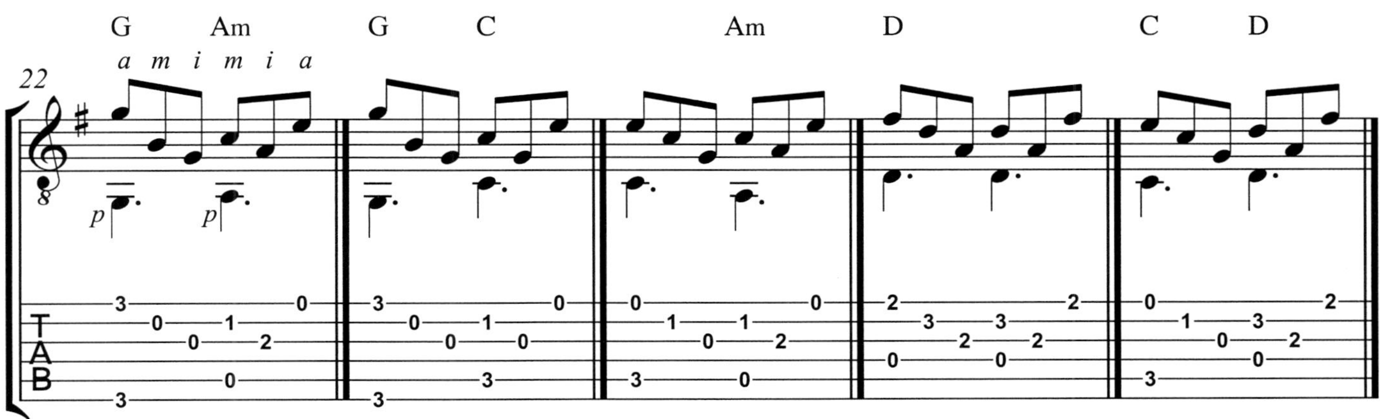


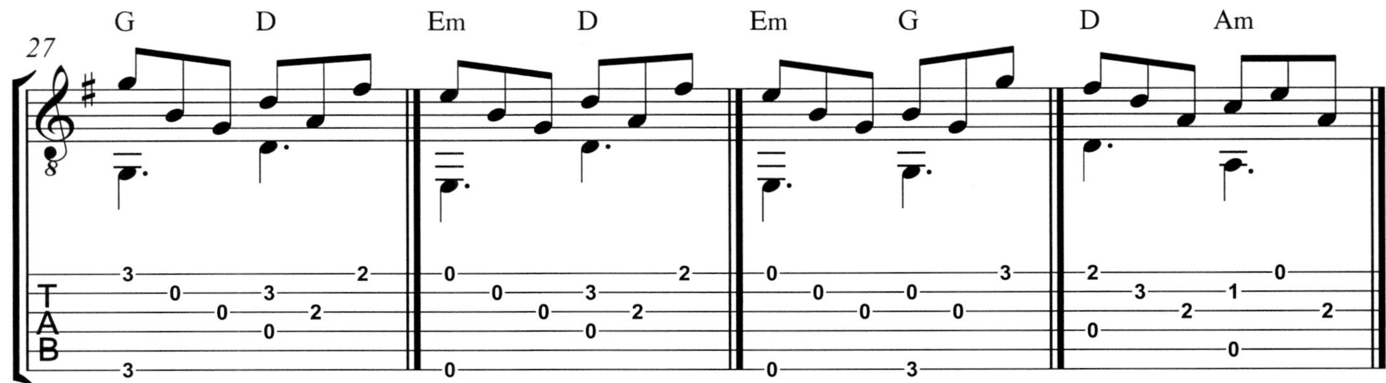

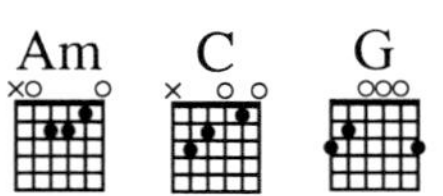


(Hornpipe)

Traditional
Bearbeitung: Volker Luft

Am C G

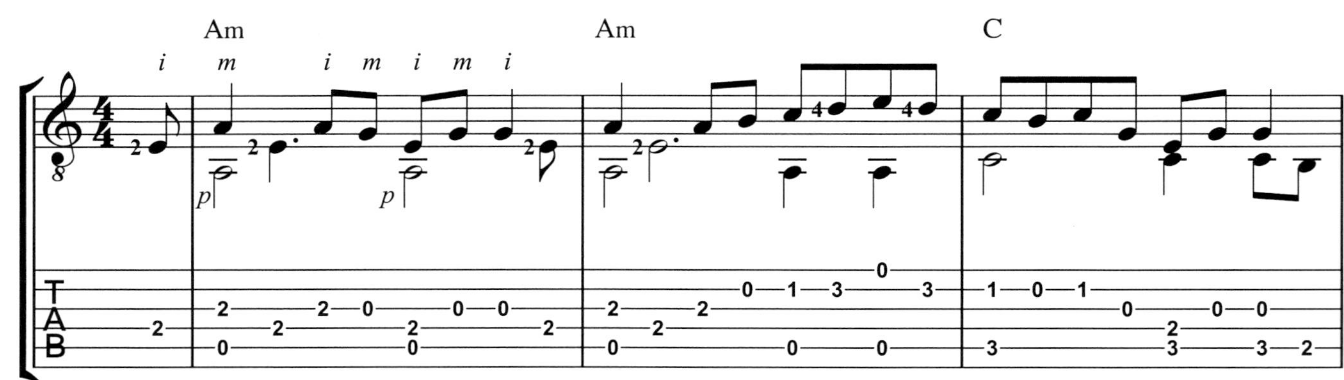


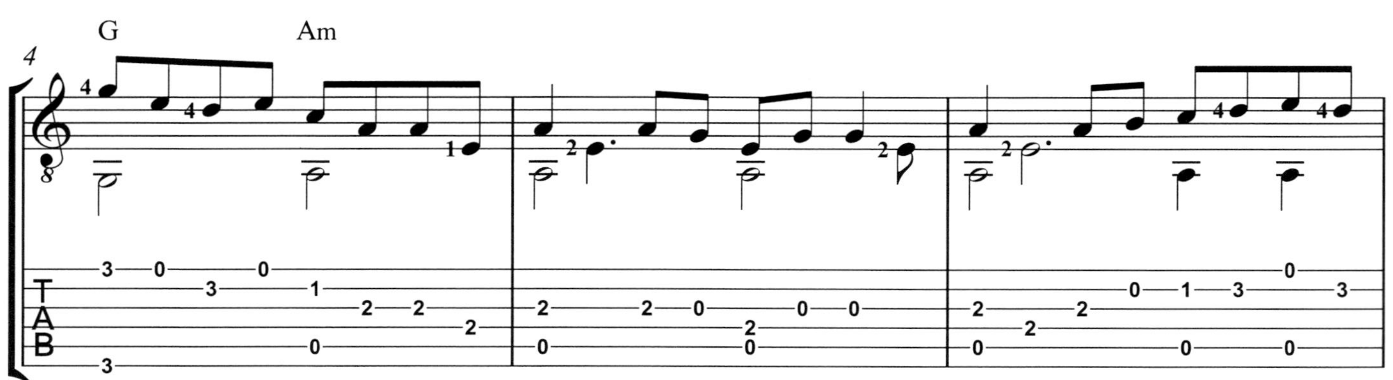


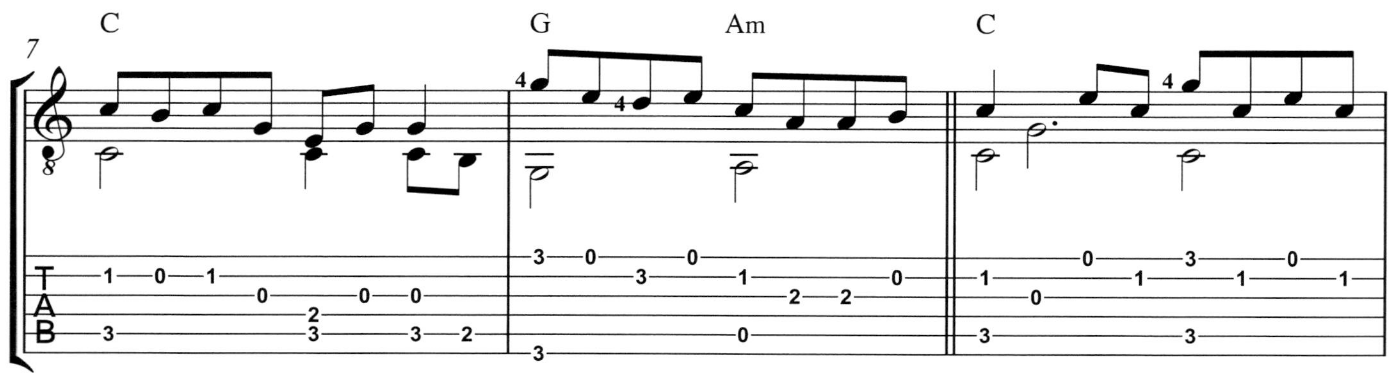


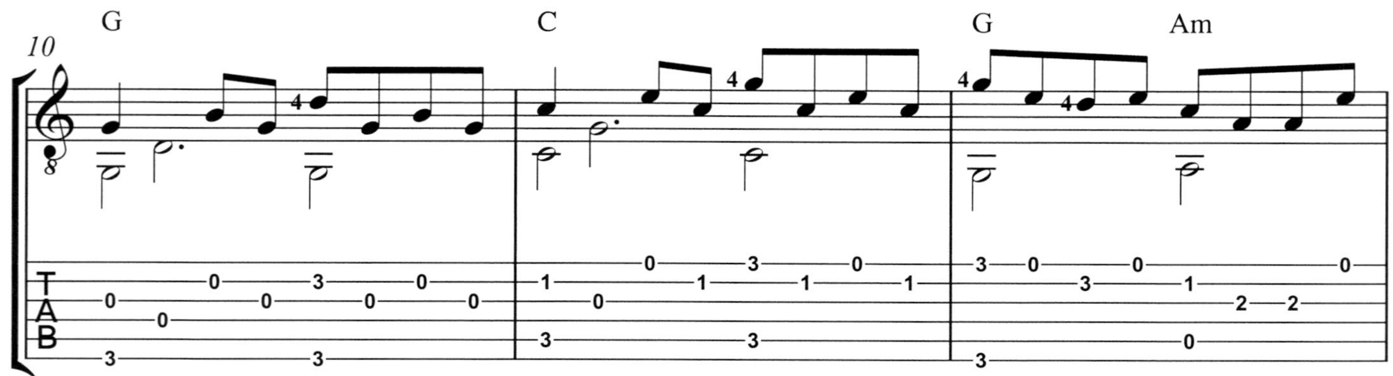

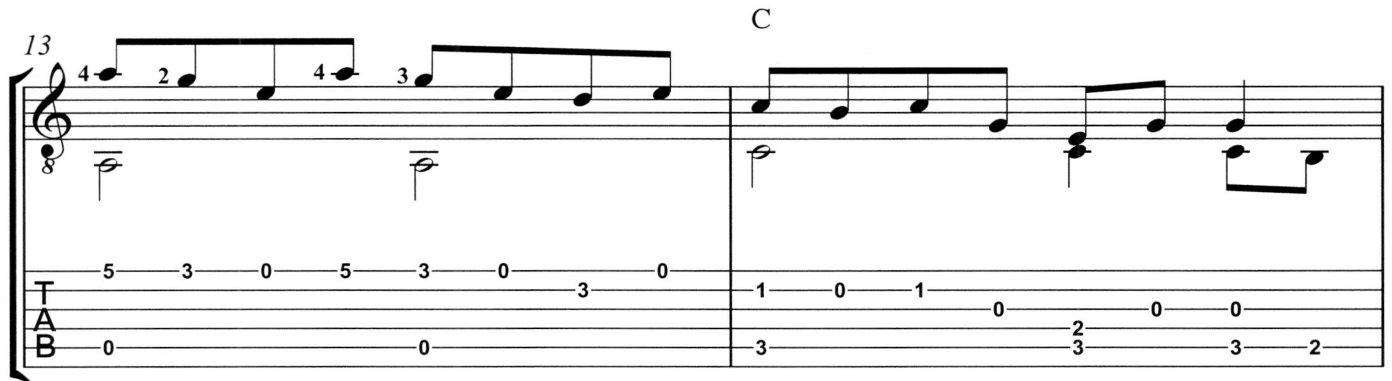


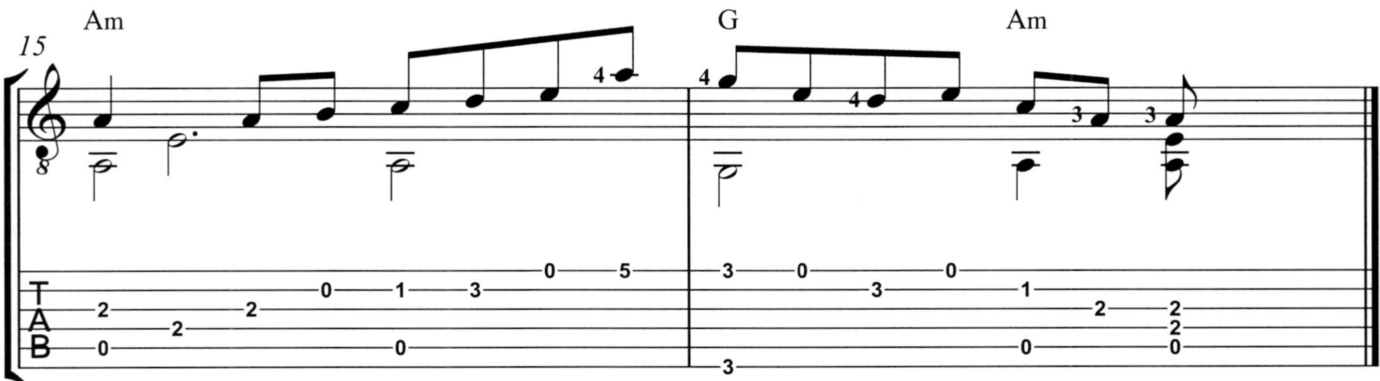


### 1. Begleitrhythmus:

*a. Standardbegleitung:*

*b. halbtaktiger Akkordwechsel:*

Am

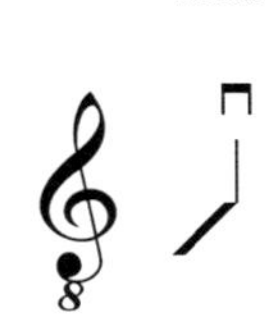
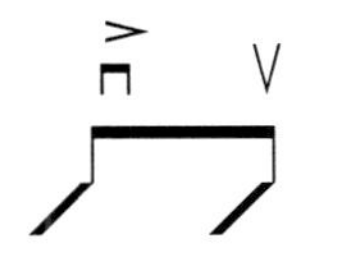
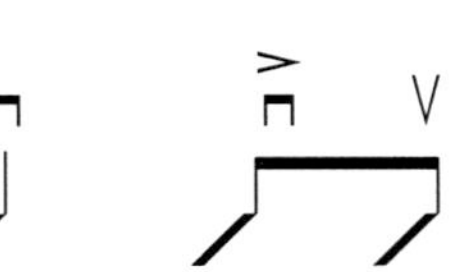
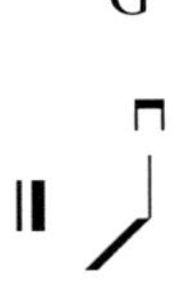

G Am

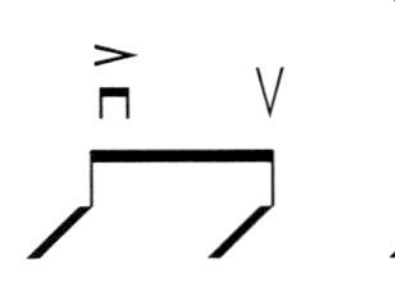
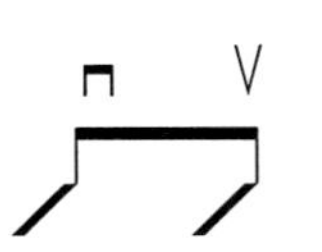

### 2. Folkpicking:

*a. Standardbegleitung:*

*b. halbtaktiger Akkordwechsel:*

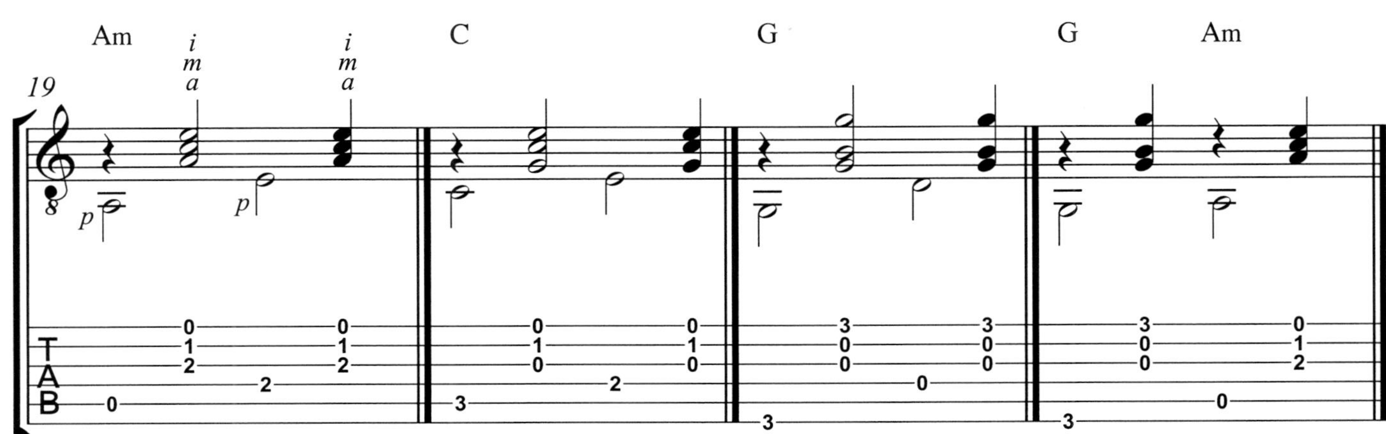

# 12. loch ness

(Hornpipe)

Traditional
Bearbeitung: Volker Luft

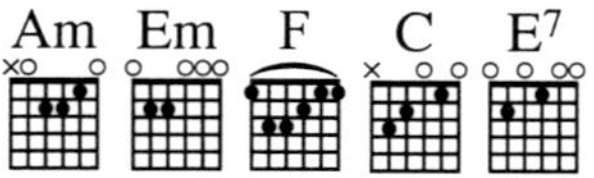


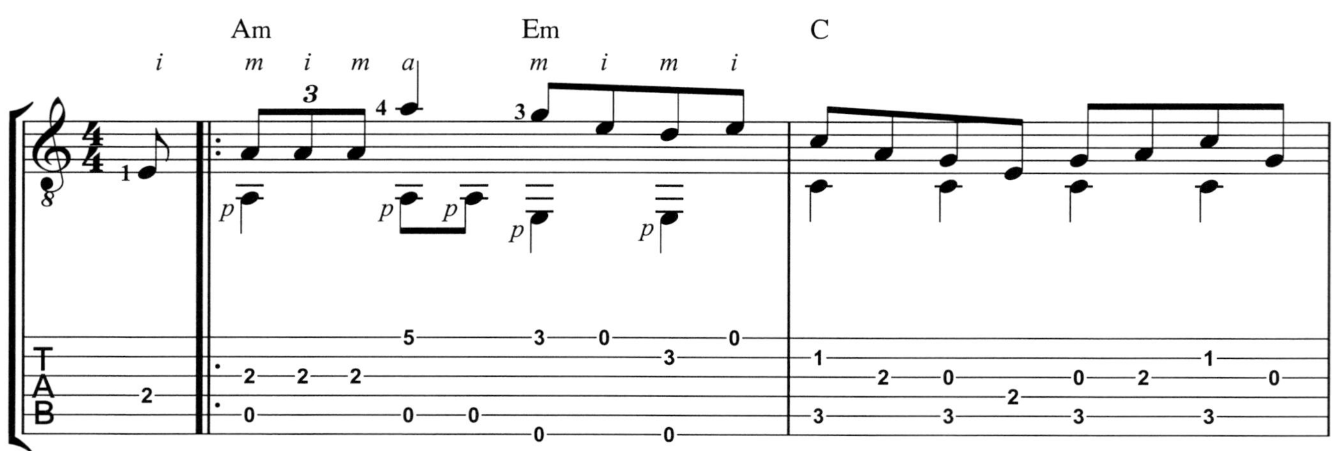


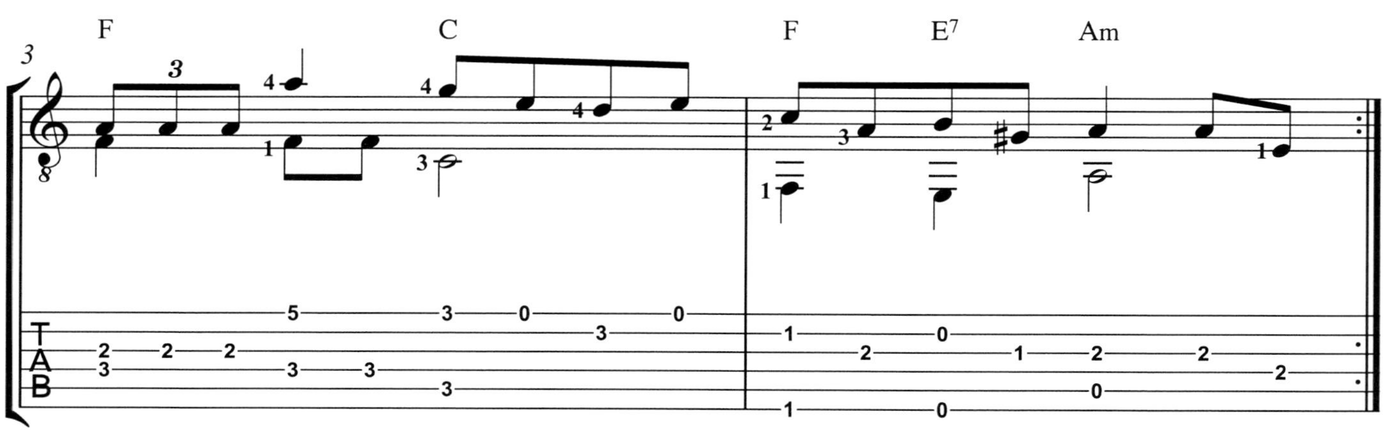


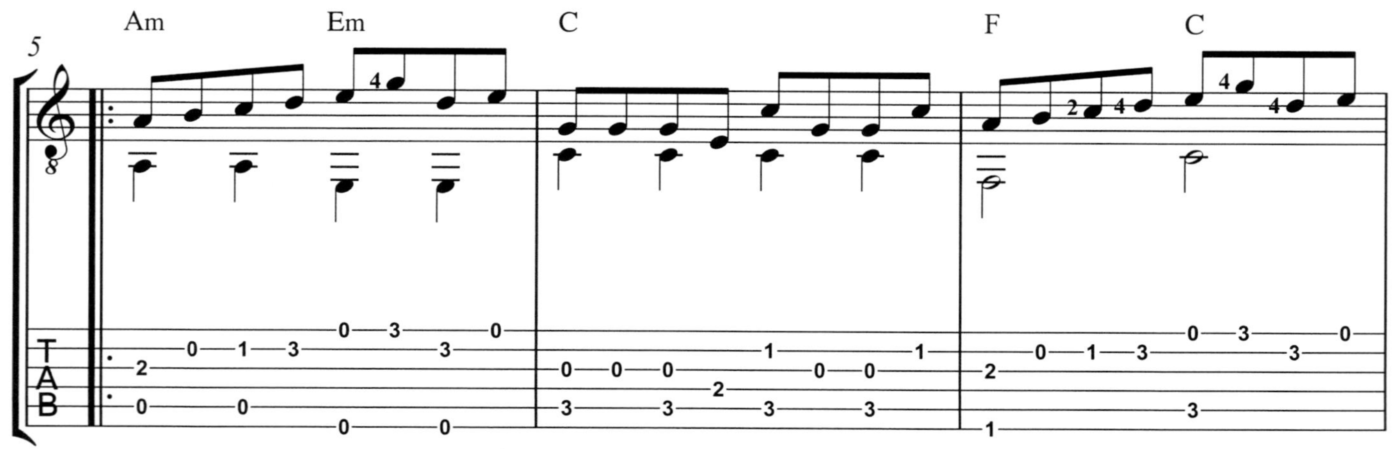

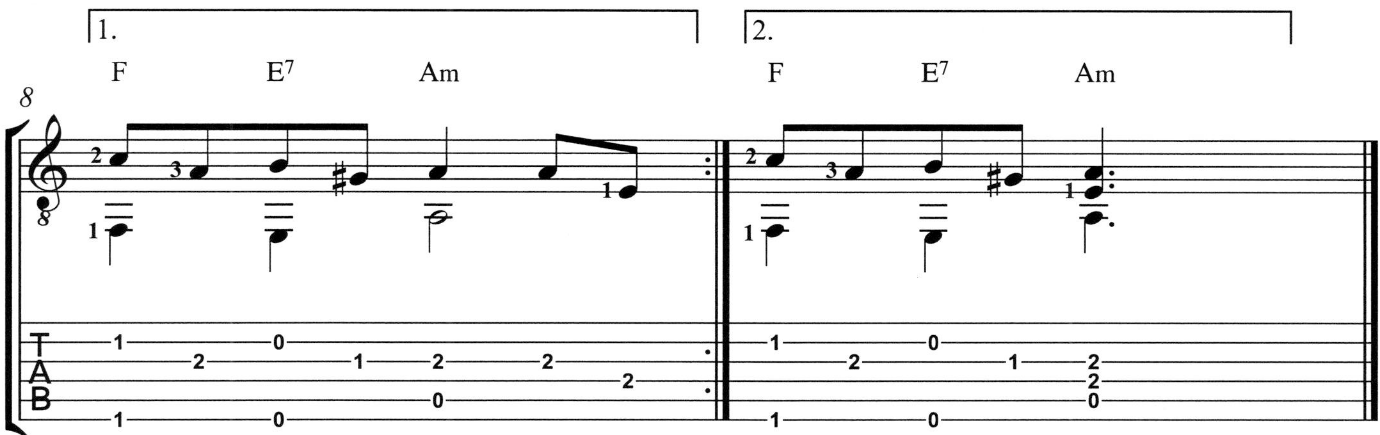


## 1. Begleitrhythmus:

*a. Standardbegleitung:*

*b. zwei Akkordwechsel:*

*c. drei Akkordwechsel:*

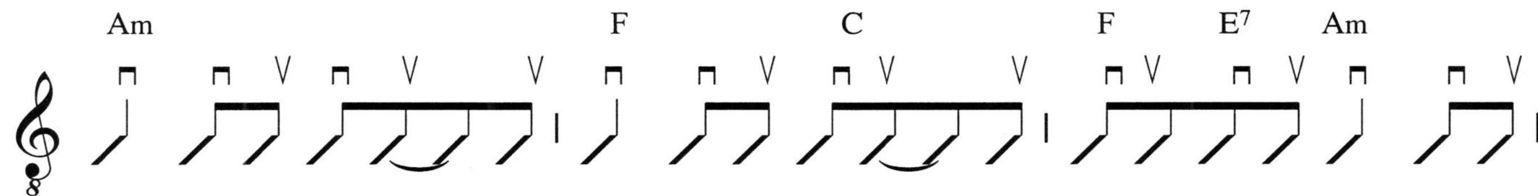


## 2. Folkpicking:

*a. Standardbegleitung:*

*b. zwei Akkordwechsel:*

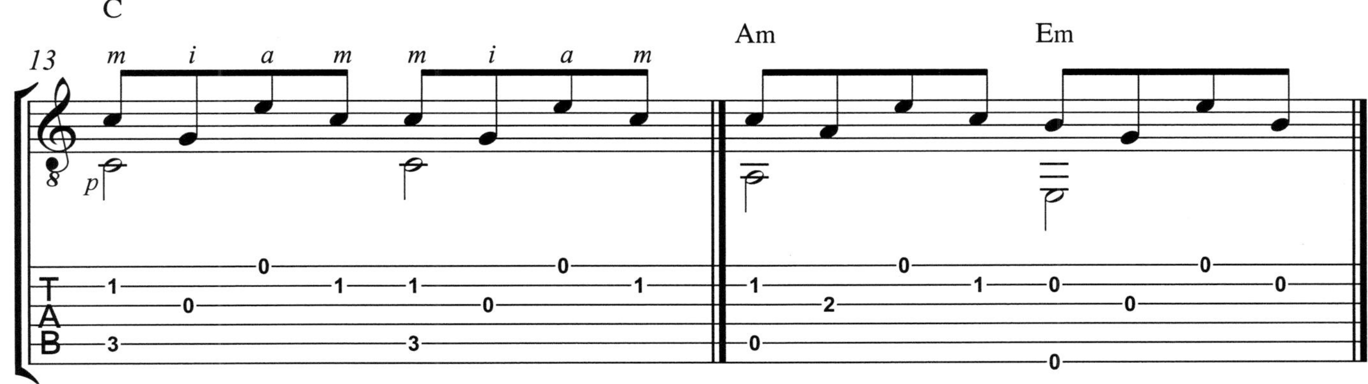


*c. drei Akkordwechsel:*

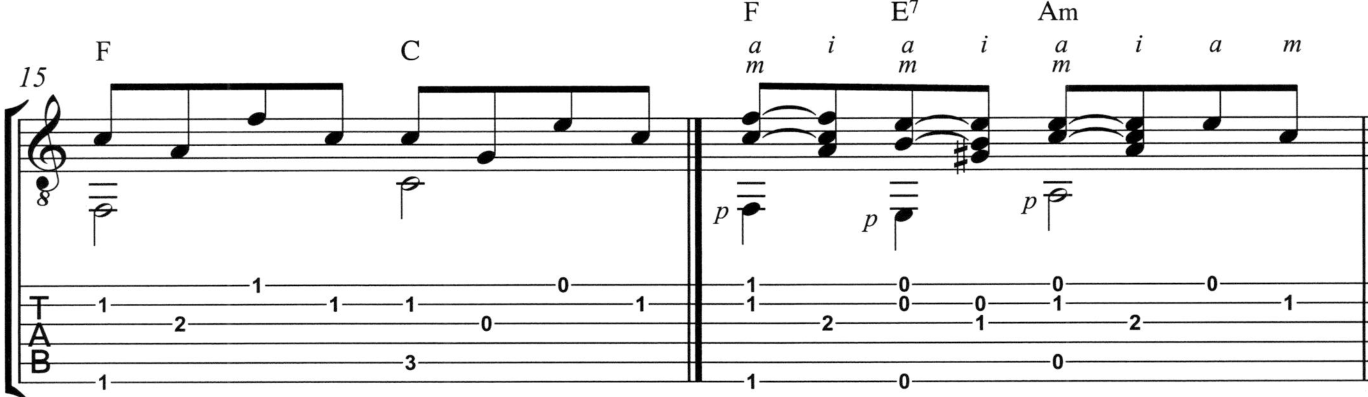


 

# 13. Flowers of Edinburgh

(Hornpipe)

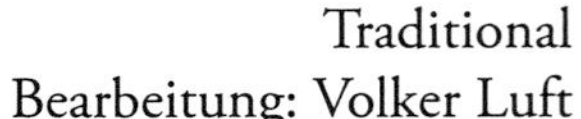


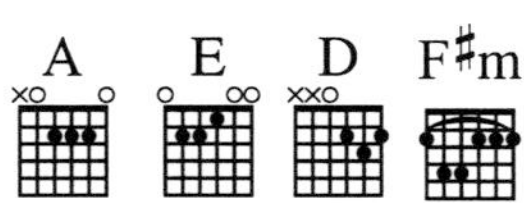


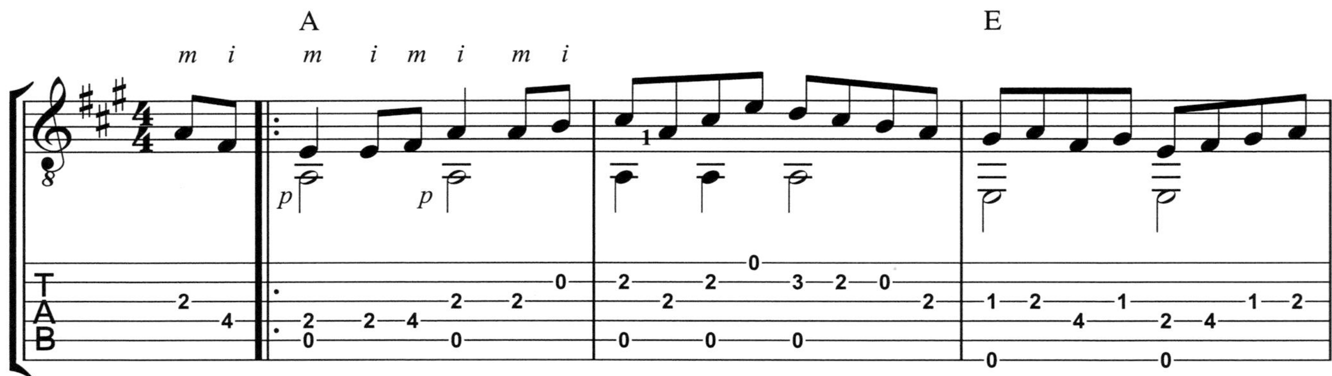


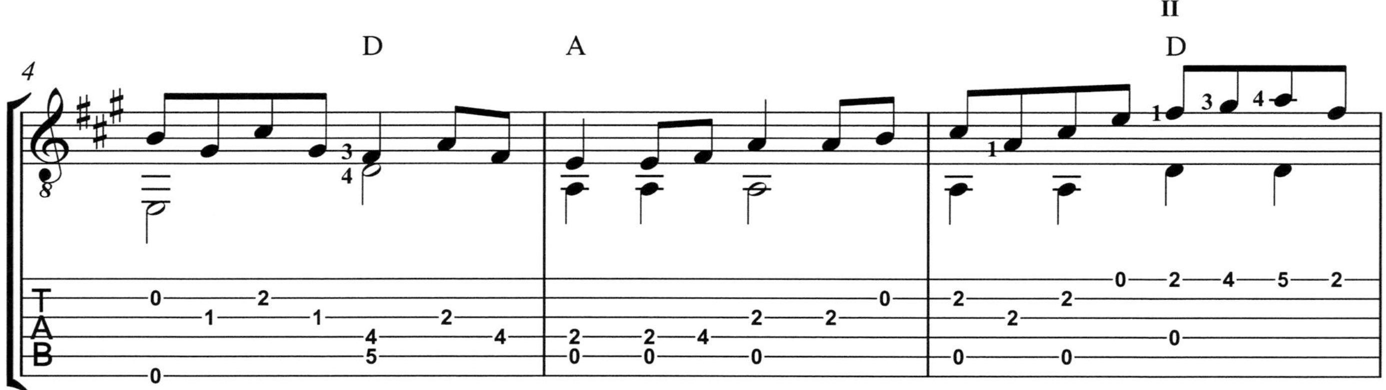


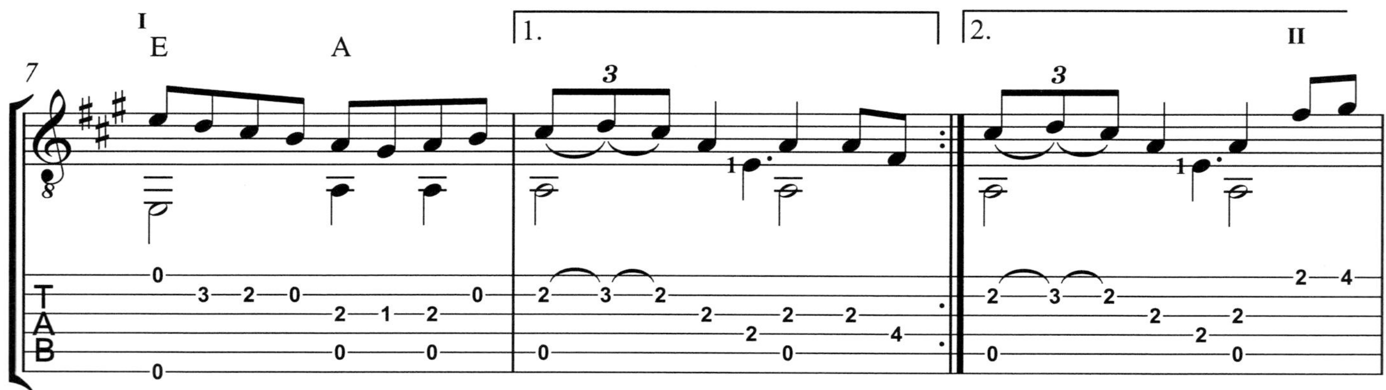


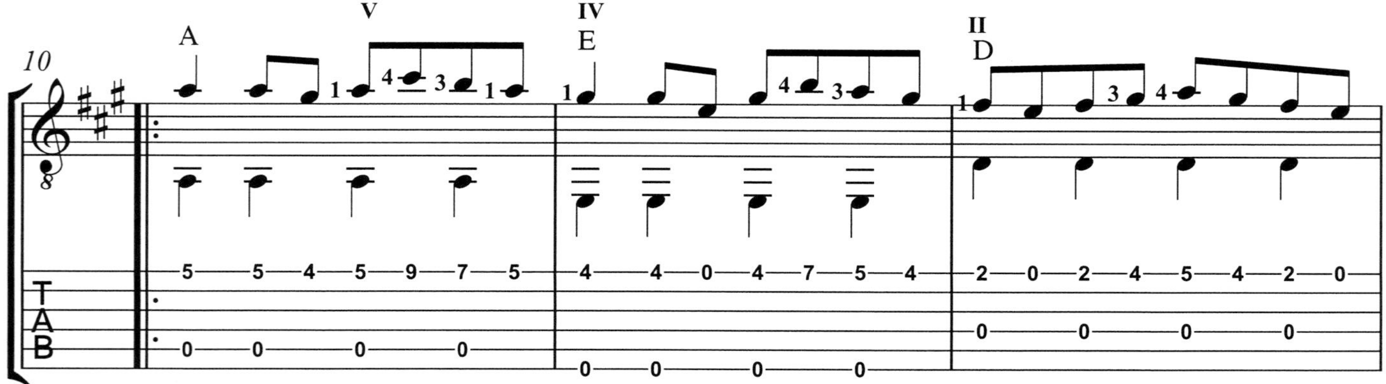

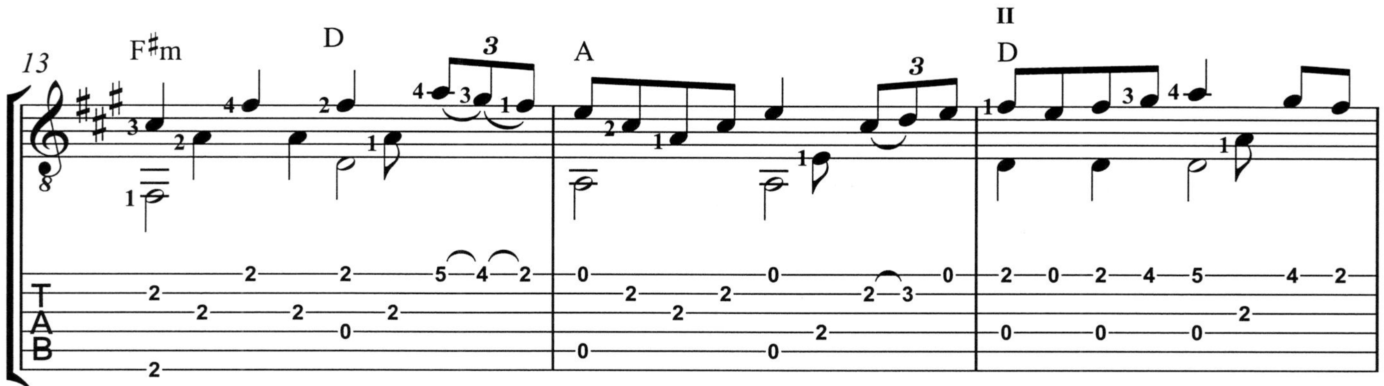


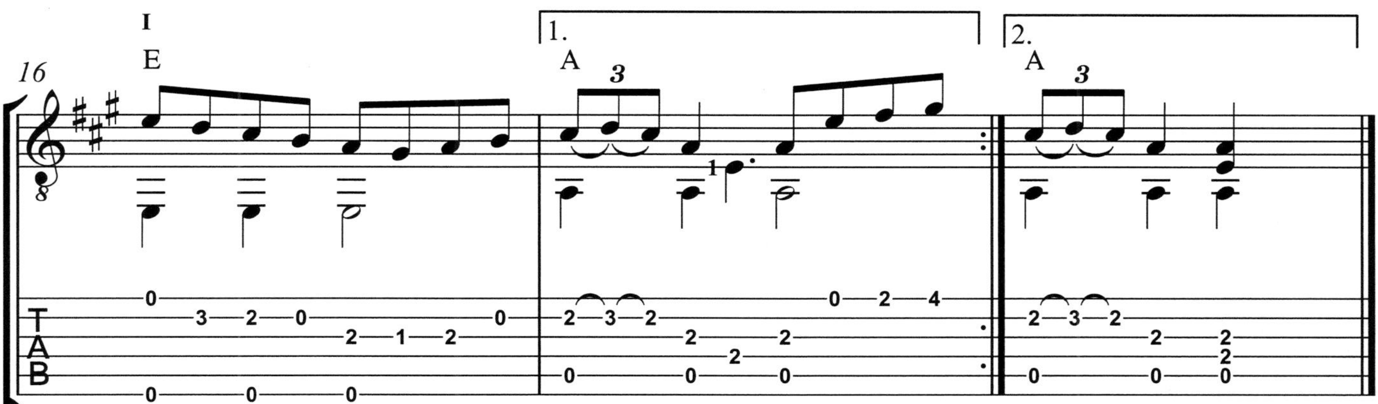


### *1. Begleitrhythmus:*

*a. Standardbegleitung:*

*b. halbtaktiger Akkordwechsel:*

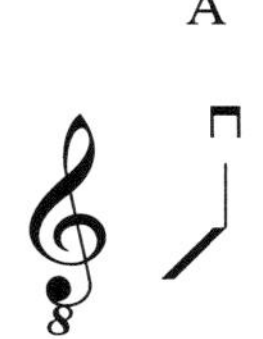

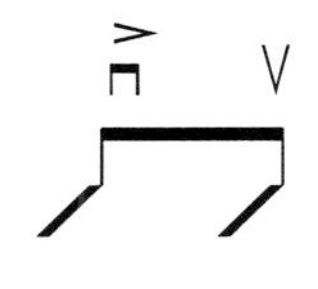


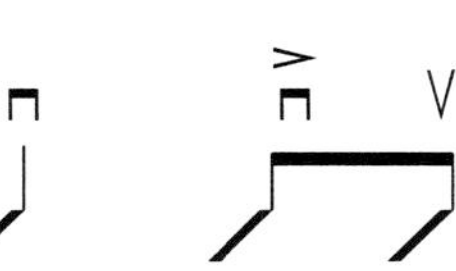

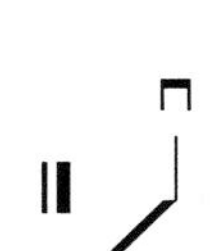


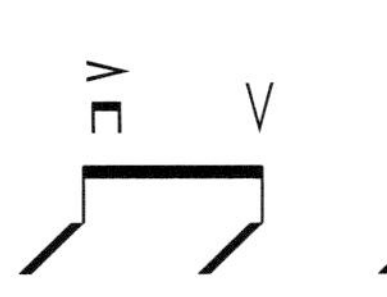


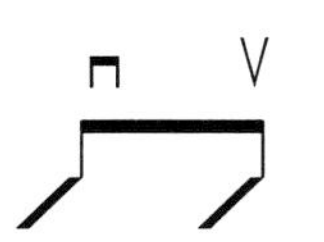

### *2. Folkpicking:*

*a. Standardbegleitung:*

*b. halbtaktiger Akkordwechsel:*

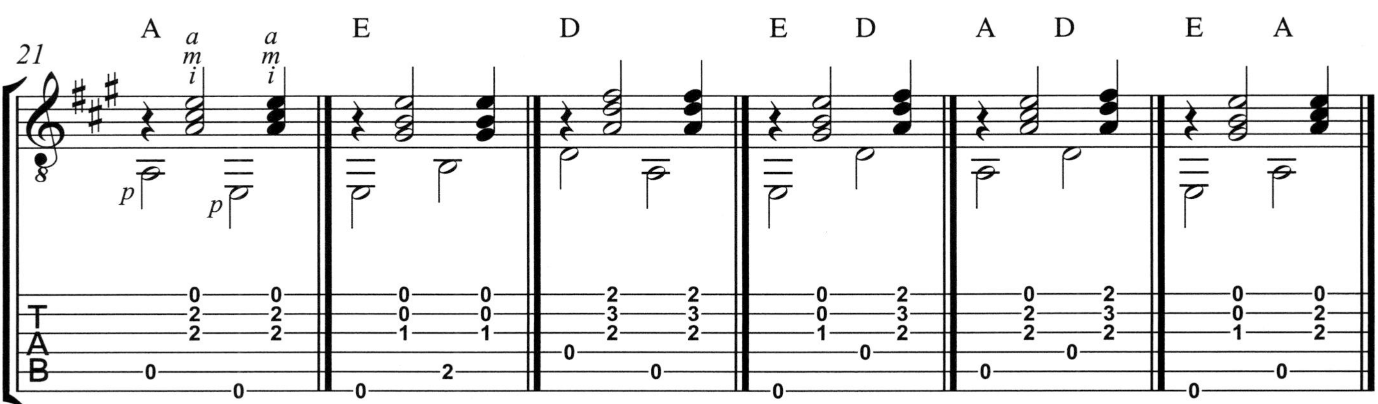

# 14. The Lowlands of Scotland

(Hornpipe)

Traditional
Bearbeitung: Volker Luft

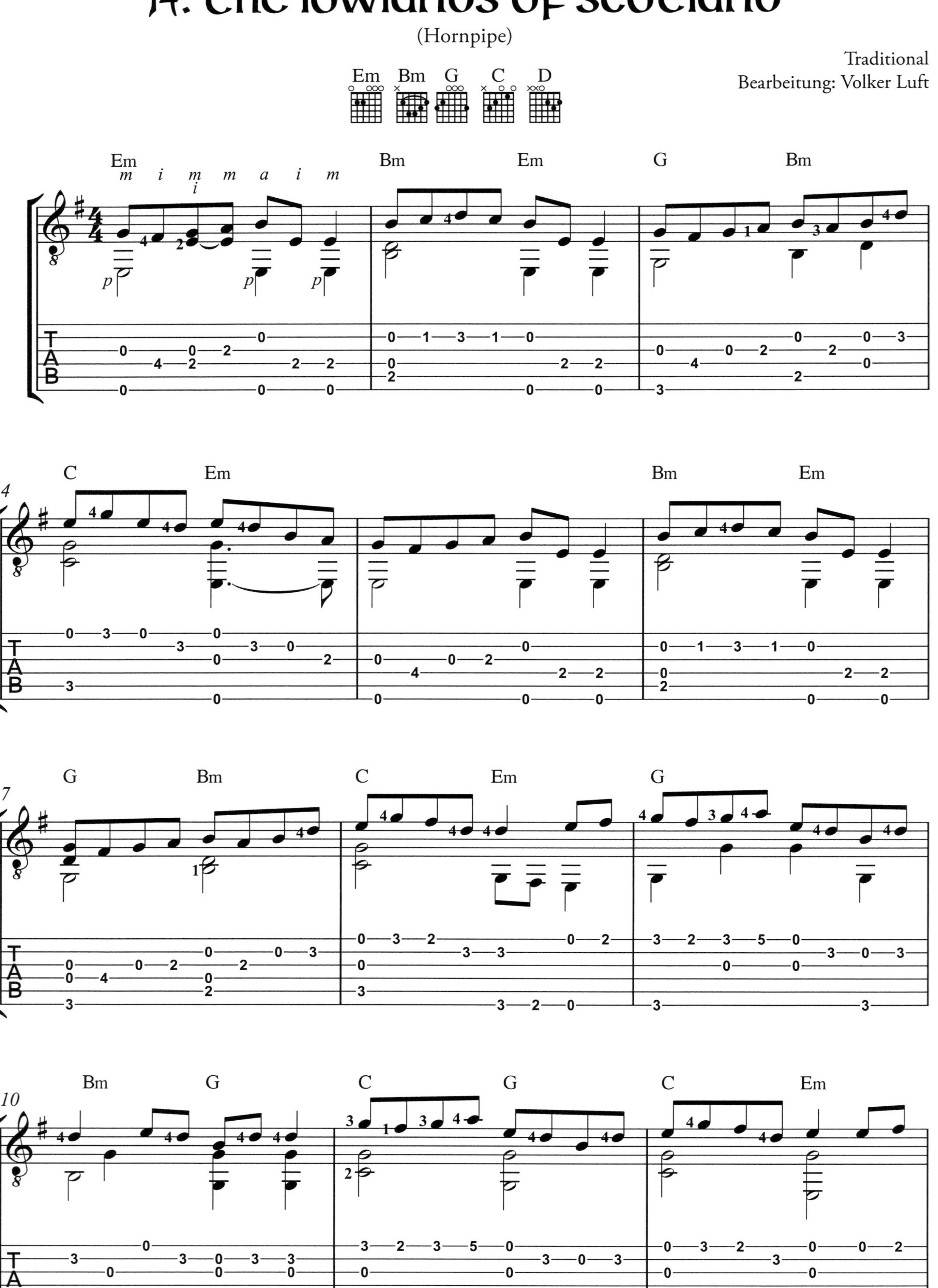

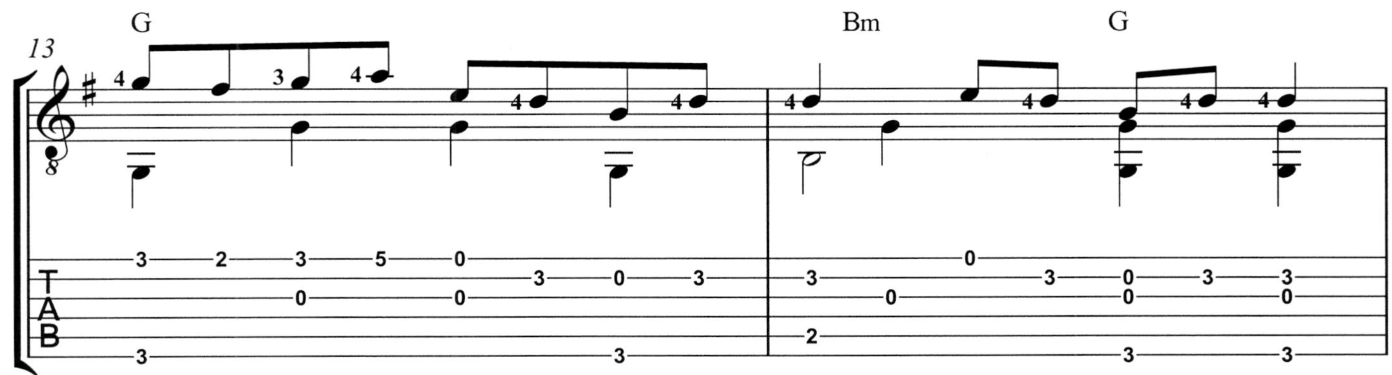


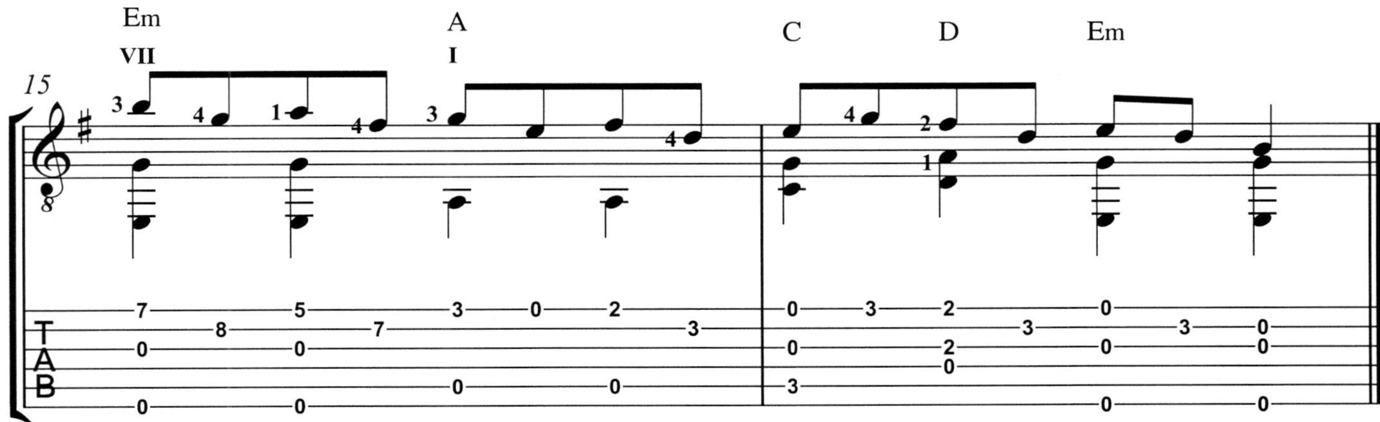


### 1. Begleitrhythmus:

*a. Standardbegleitung:* *b. zwei Akkordwechsel:* *c. drei Akkordwechsel:*

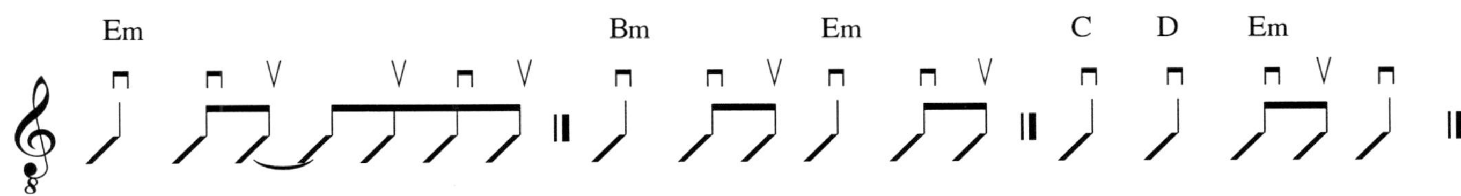


### 2. Folkpicking:

*a. Standardbegleitung:* *b. zwei Akkordwechsel:* *c. drei Akkordwechsel:*

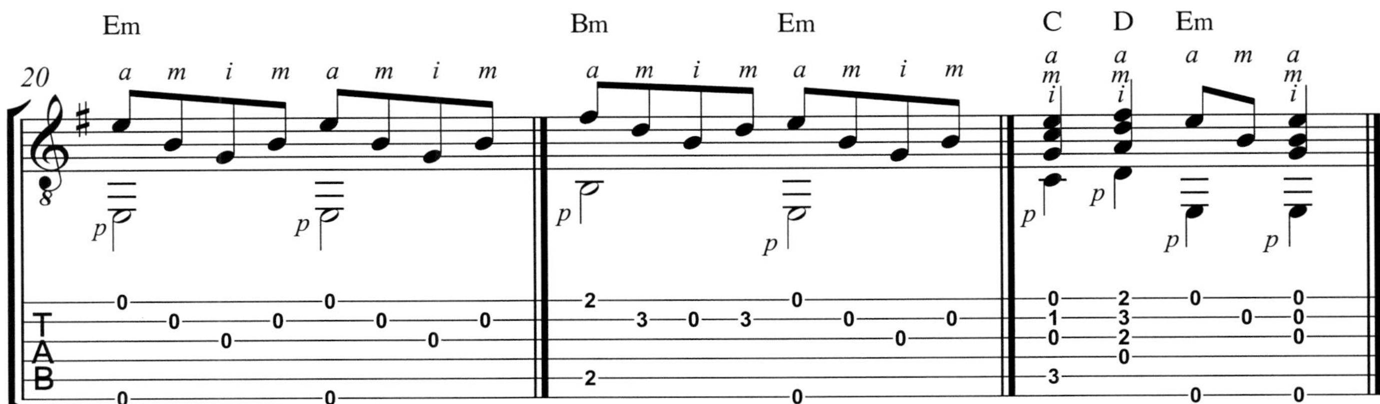

# 17. Miss Forbes Farewell

(Hornpipe)

Traditional
Bearbeitung: Volker Luft

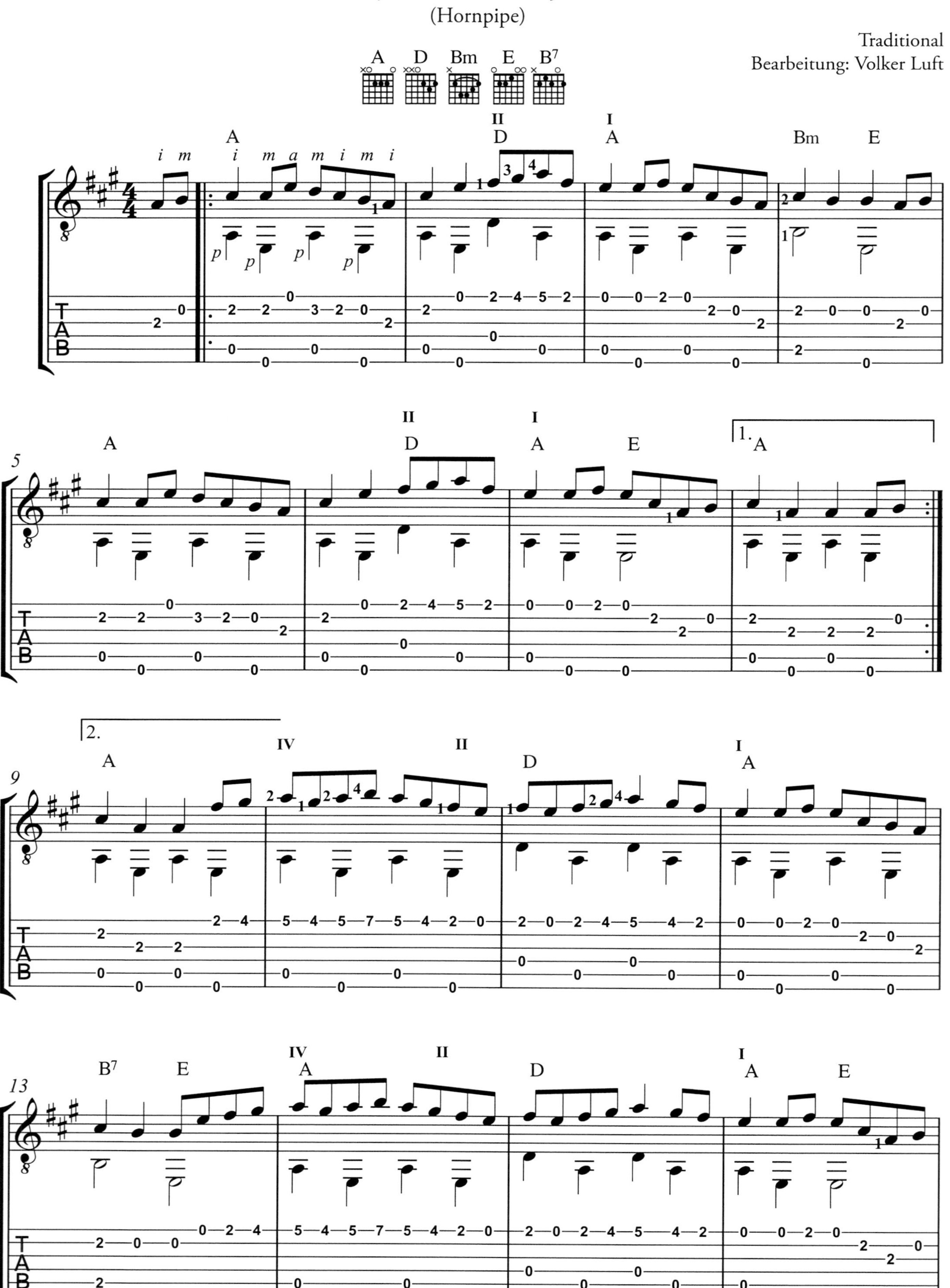

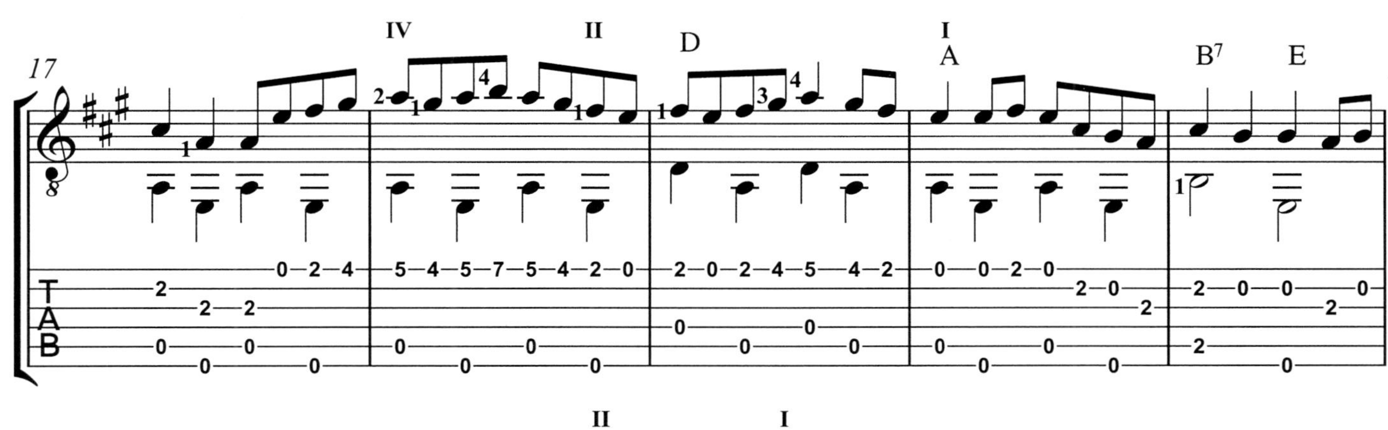


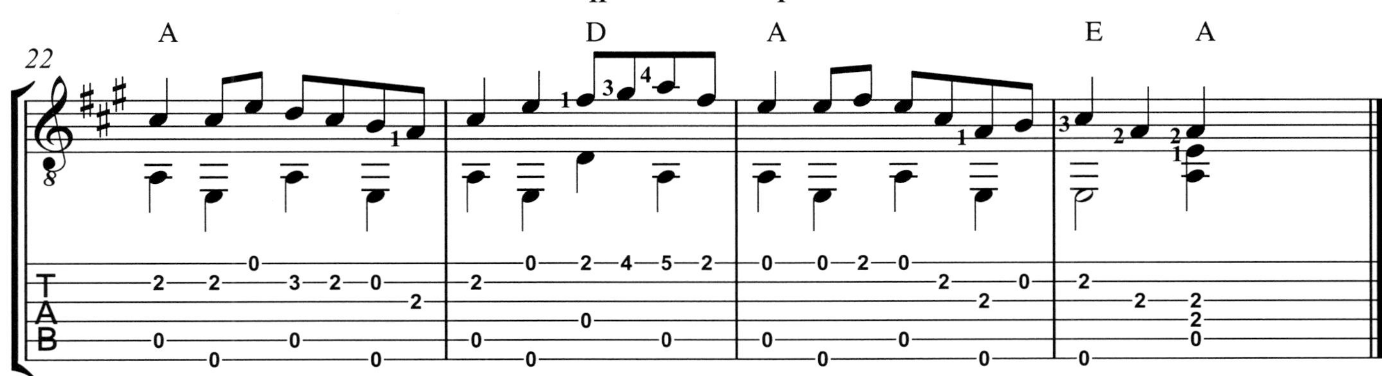


**1. Begleitrhythmus:**

*a. Standardbegleitung:*

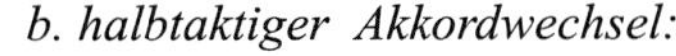

*b. halbtaktiger Akkordwechsel:*

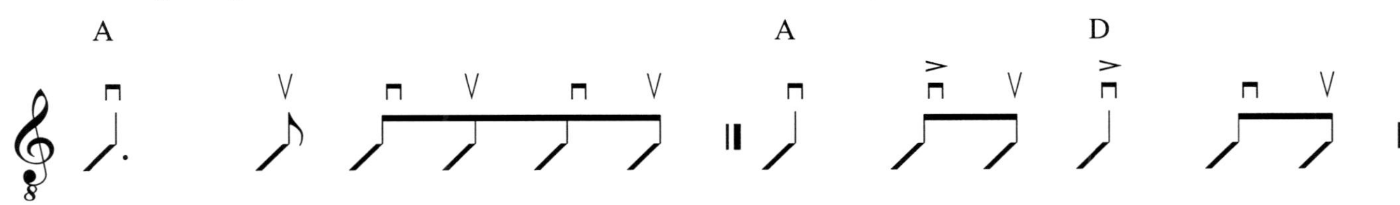


**2. Folkpicking:**

*a. Standardbegleitung:*

*b. halbtaktiger Akkordwechsel:*

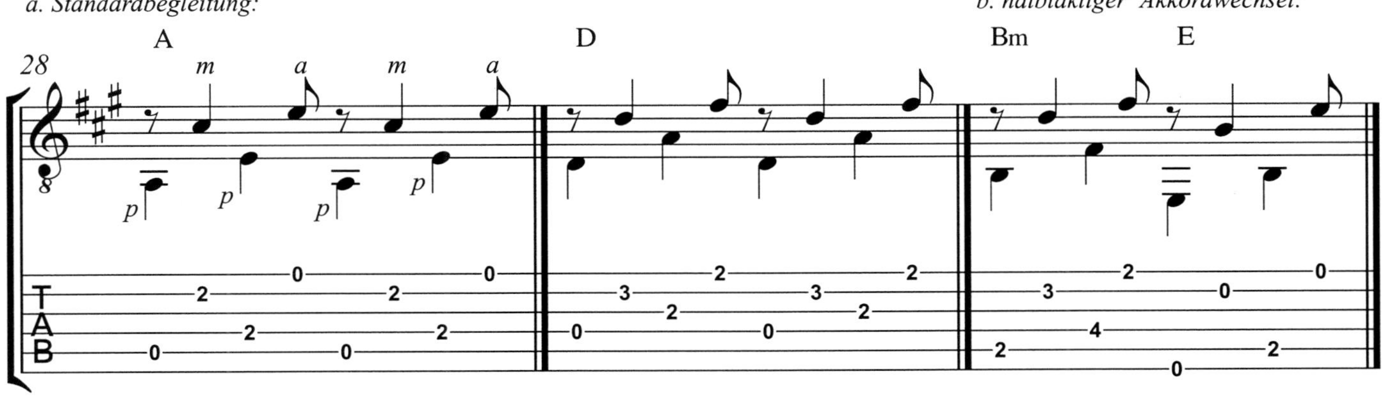


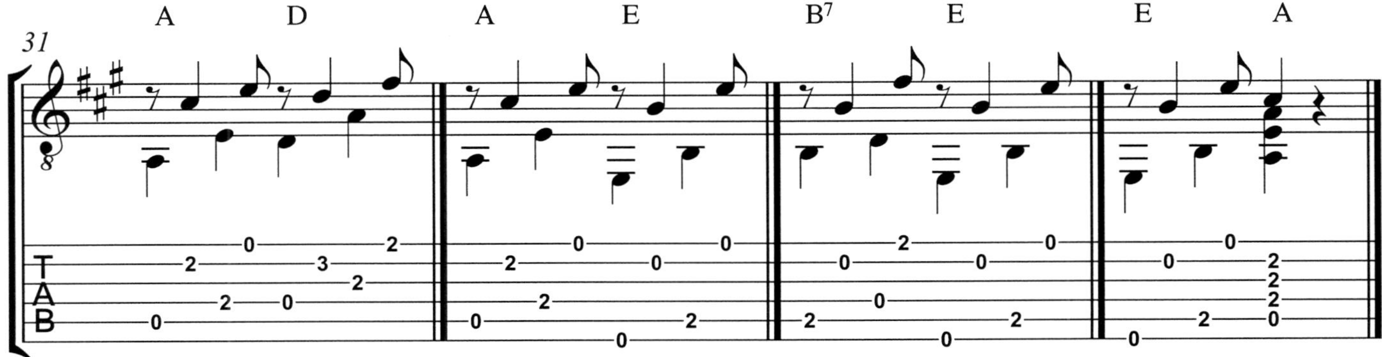

# 16. The Highland Plaid

(Reel)

Traditional
Bearbeitung: Volker Luft

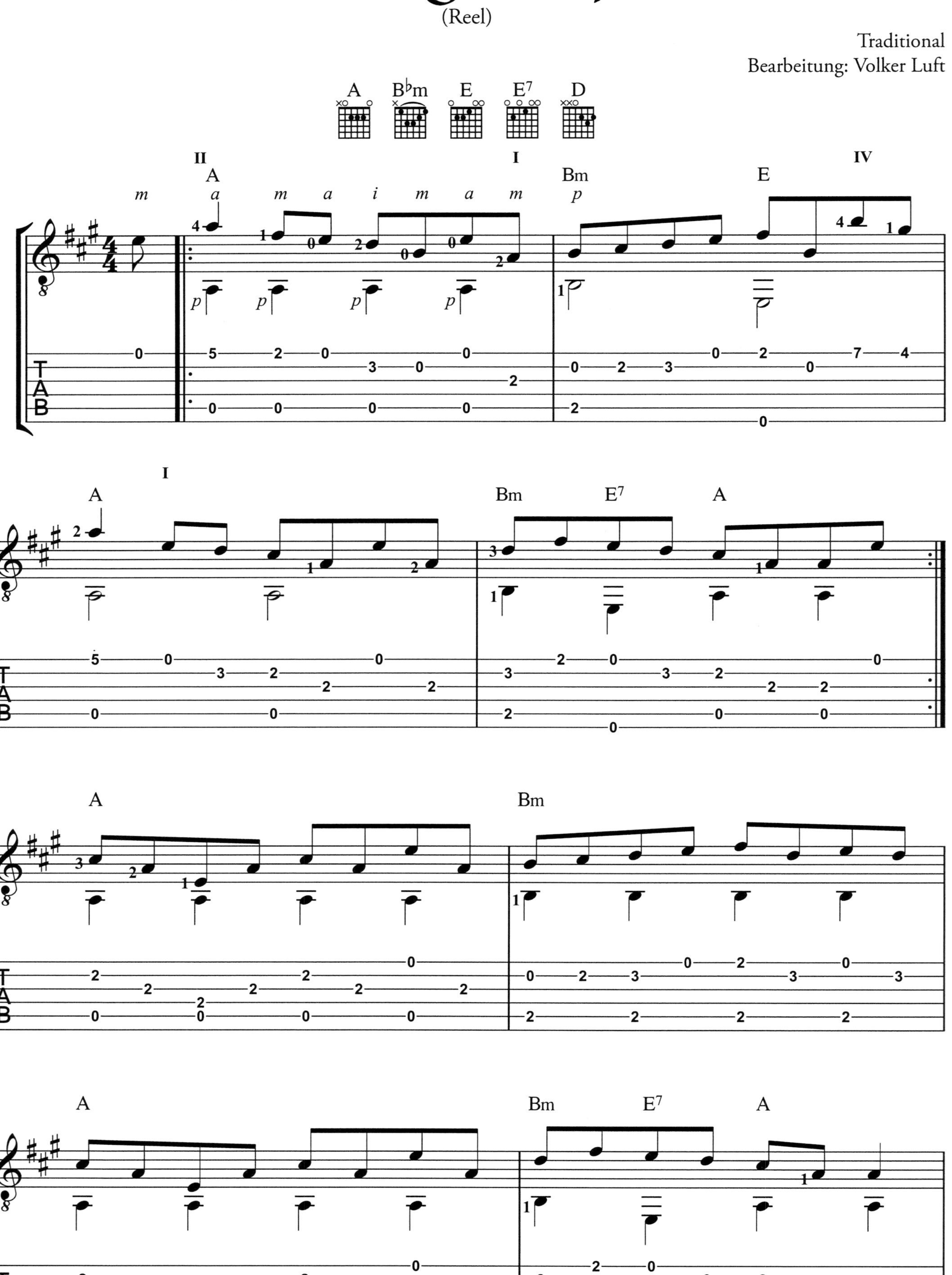

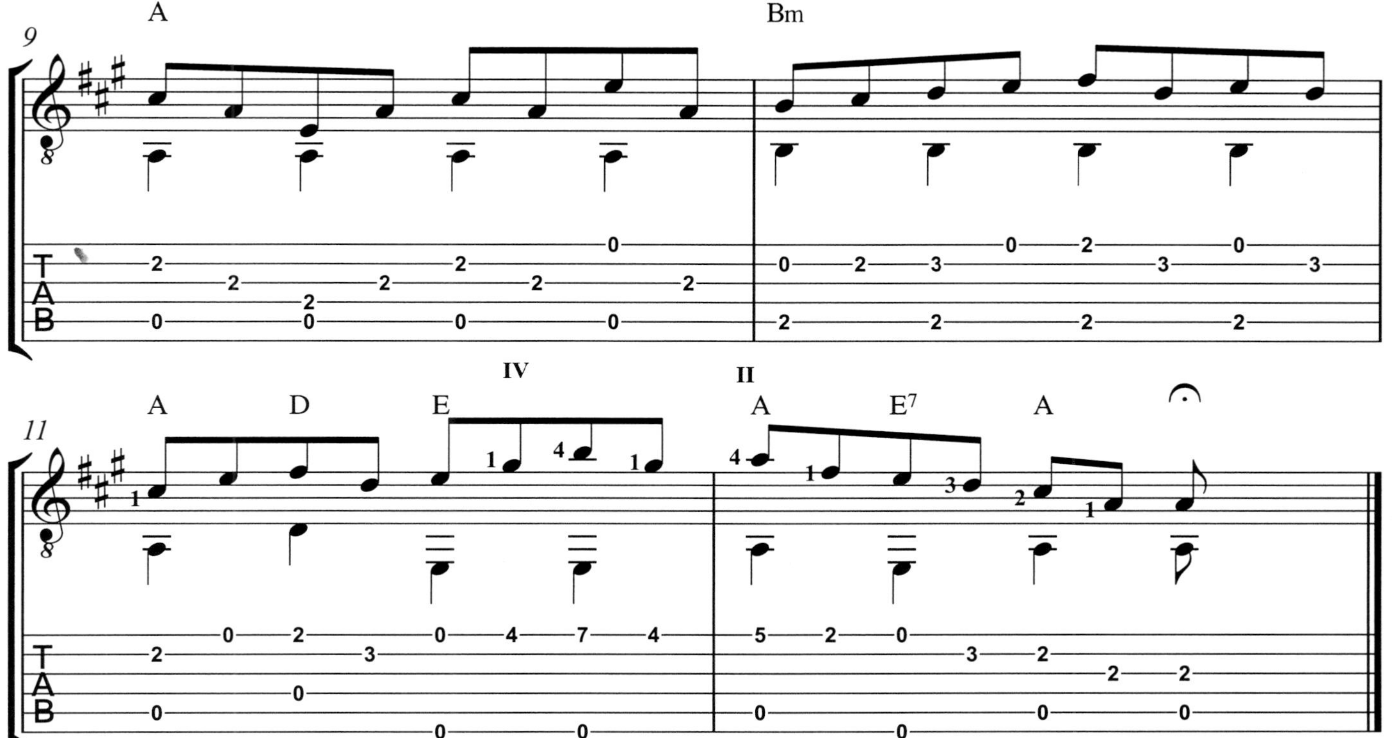


**1. Begleitrhythmus:**

*a. ohne Akkordwechsel:* *b. zwei Akkordwechsel:* *c. drei Akkordwechsel :*

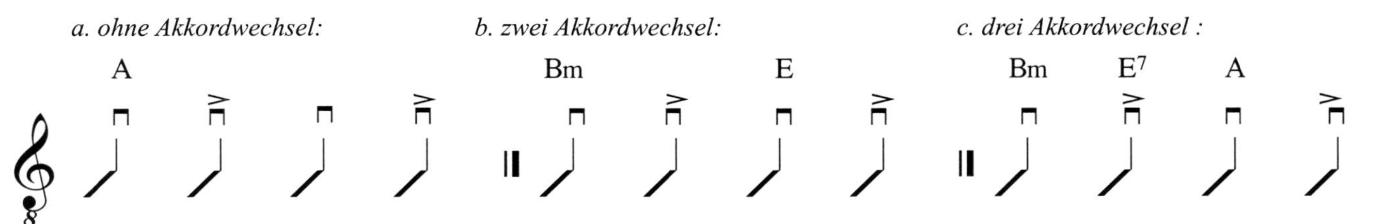


**2. Folkpicking:**

*a. ohne Akkordwechsel:* *b. zwei Akkordwechsel:*

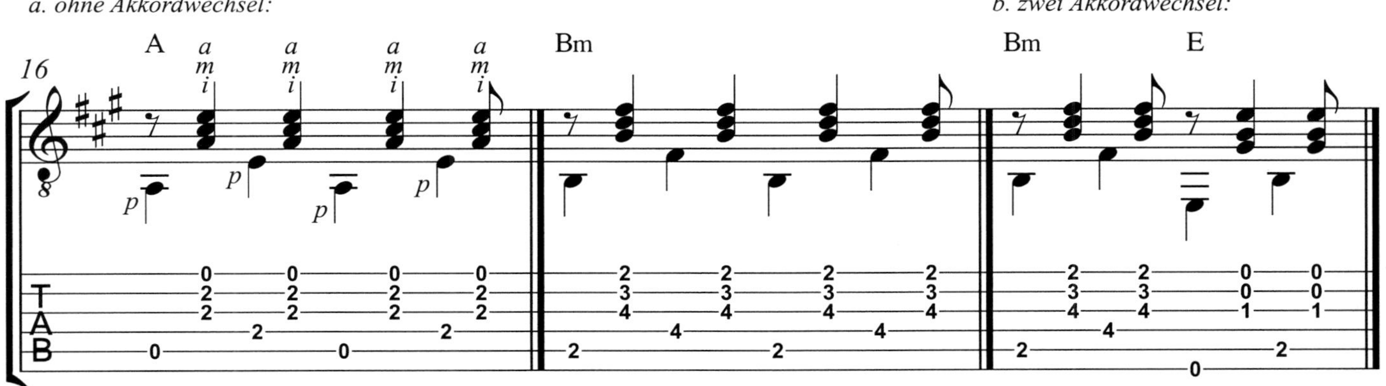


*c. drei Akkordwechsel :*

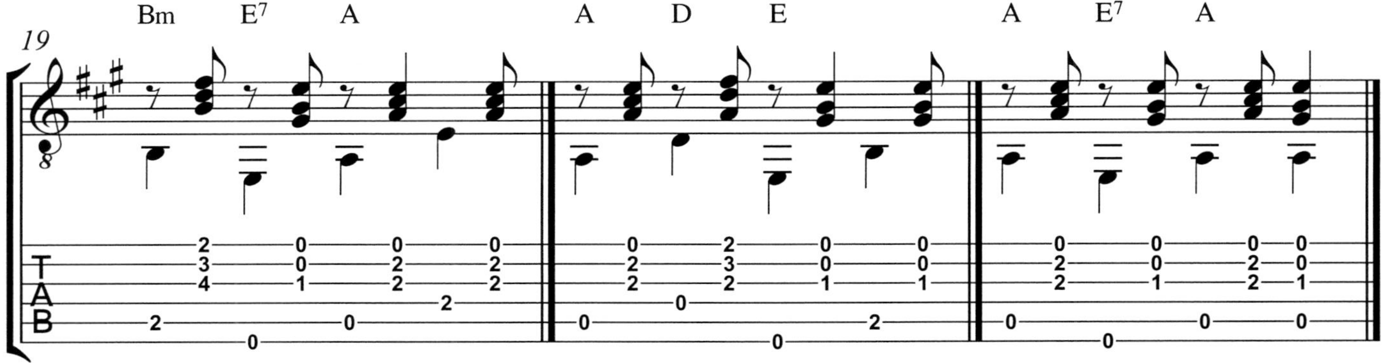

# 17. The Girl with the Blue Dress On

(Reel)

Traditional
Bearbeitung: Volker Luft

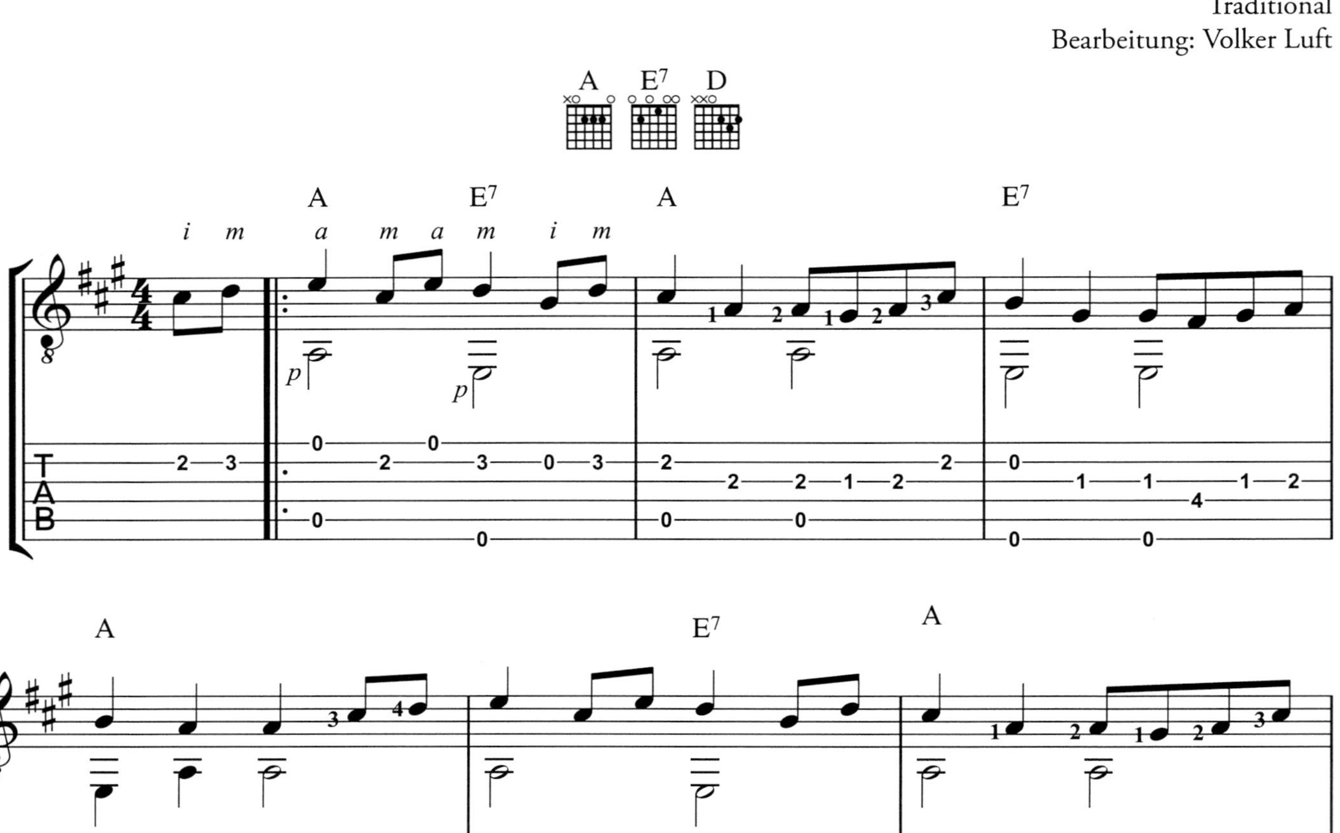


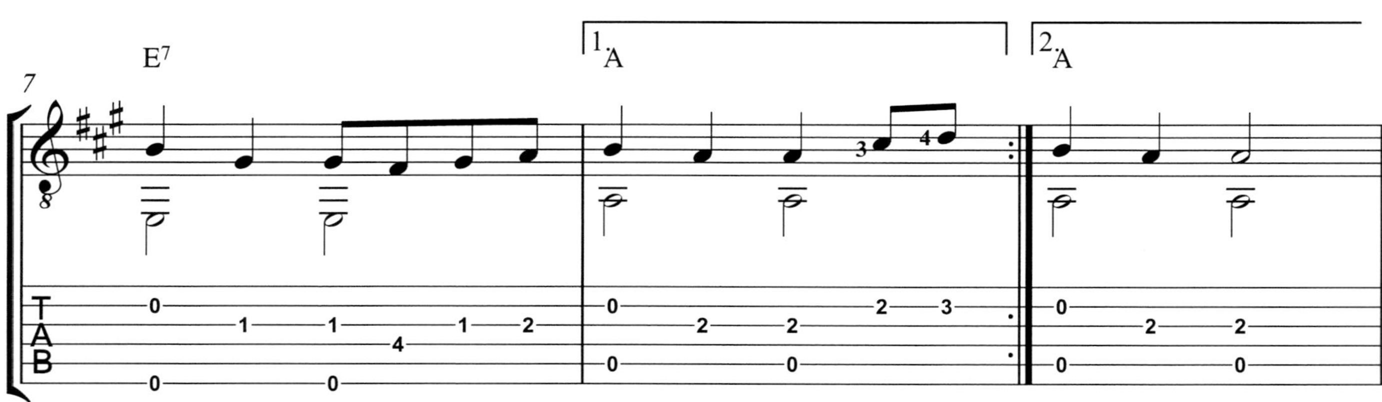


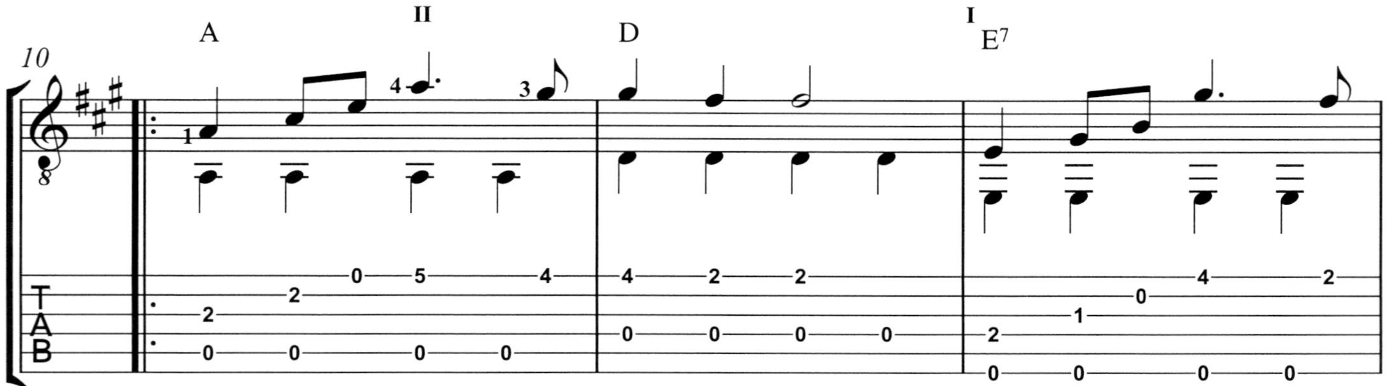

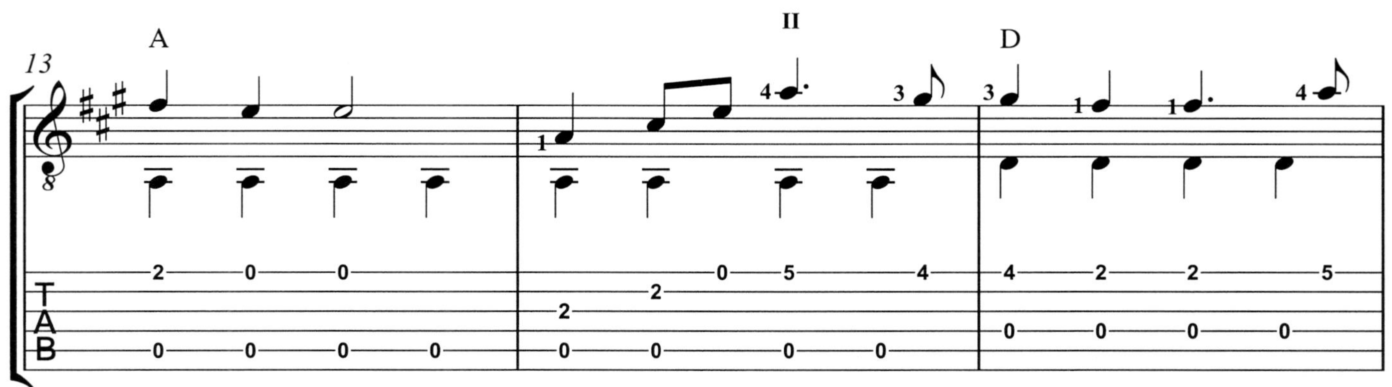


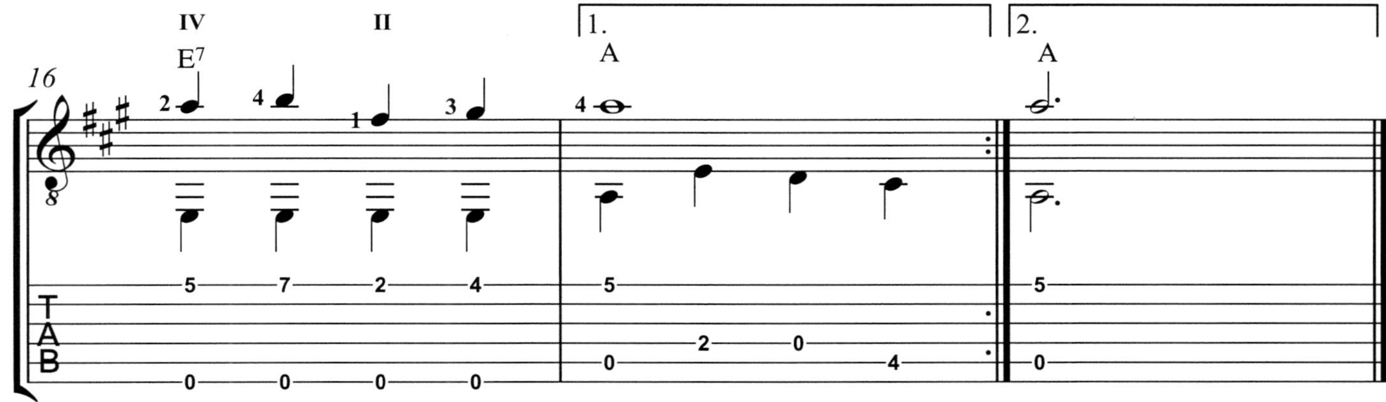


***1. Begleitrhythmus:***

*a. Standardbegleitung:*

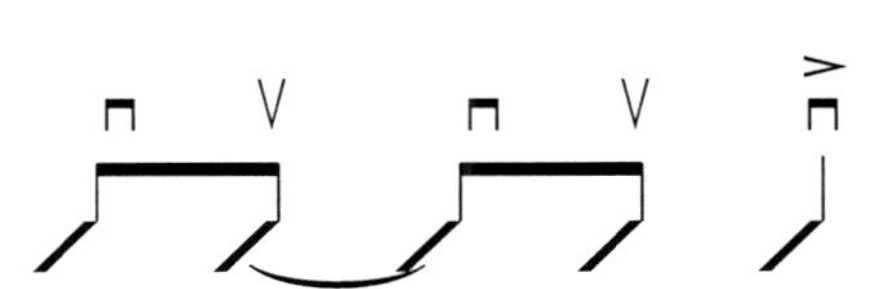


*b. halbtaktiger Akkordwechsel:*

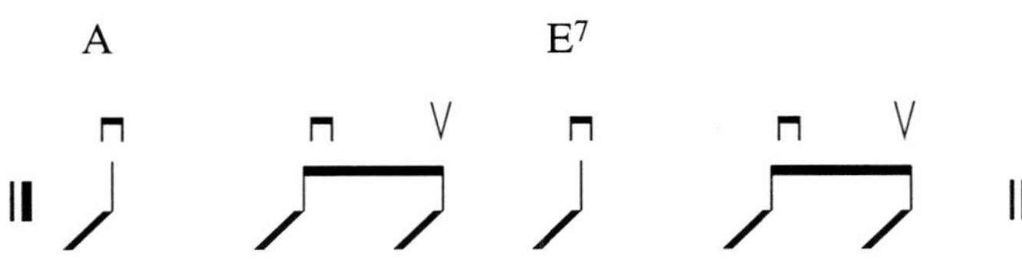


***2. Folkpicking:***

*a. Standardbegleitung:*

*b. halbtaktiger Akkordwechsel:*

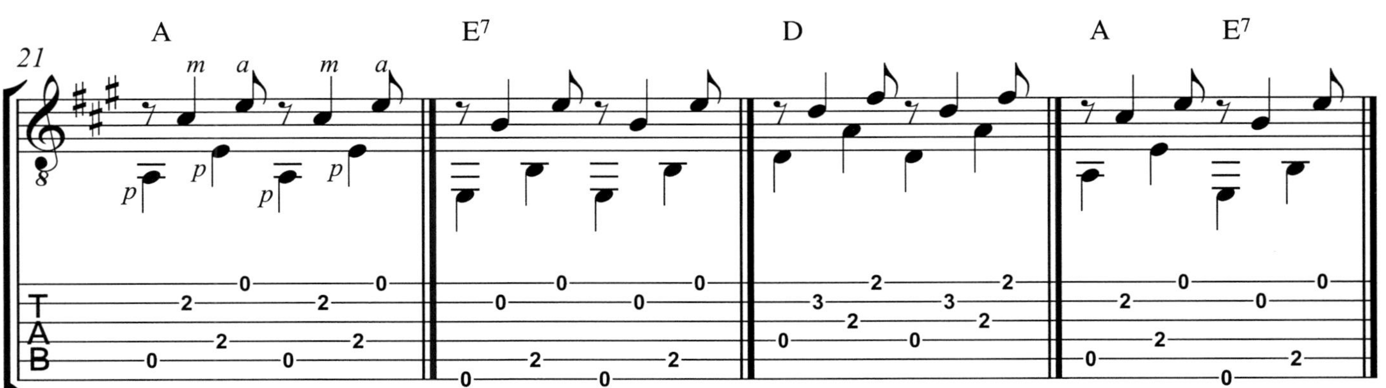

# 18. Isle of Skye

(Reel)

Traditional
Bearbeitung: Volker Luft

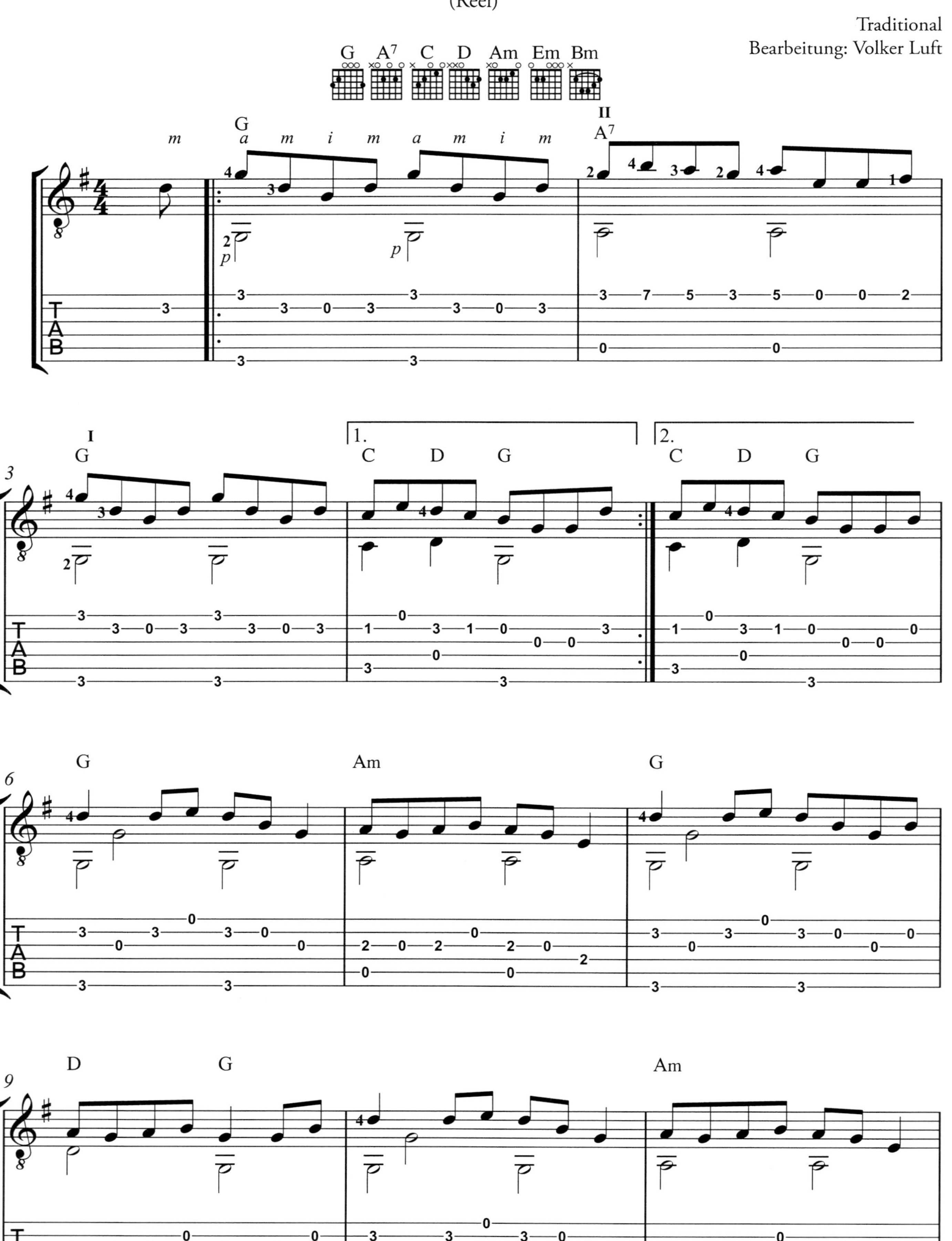

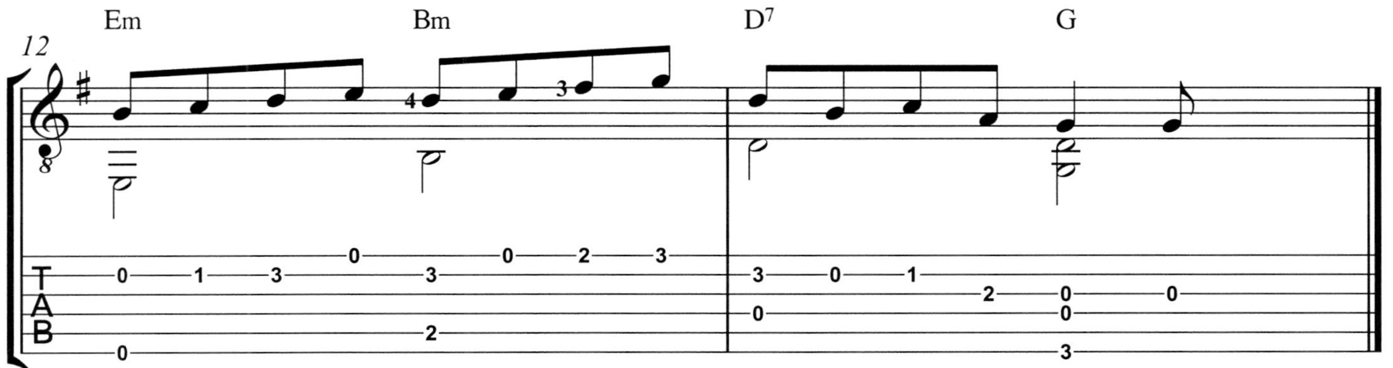


**1. Begleitrhythmus:**

*a. ohne Akkordwechsel:* *b. zwei Akkordwechsel:* *c. drei Akkordwechsel:*

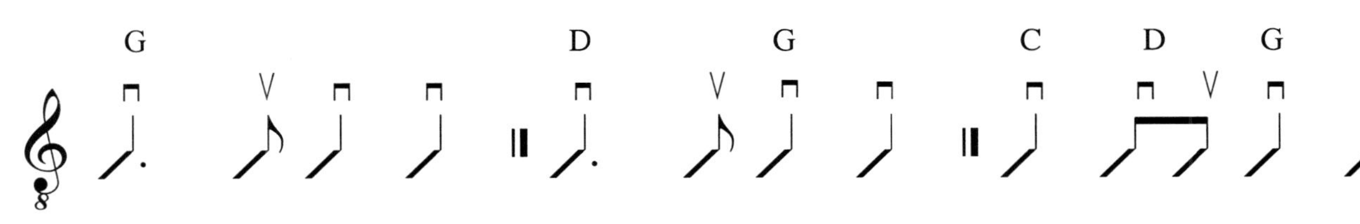


**2. Folkpicking:**

*a. ohne Akkordwechsel:*

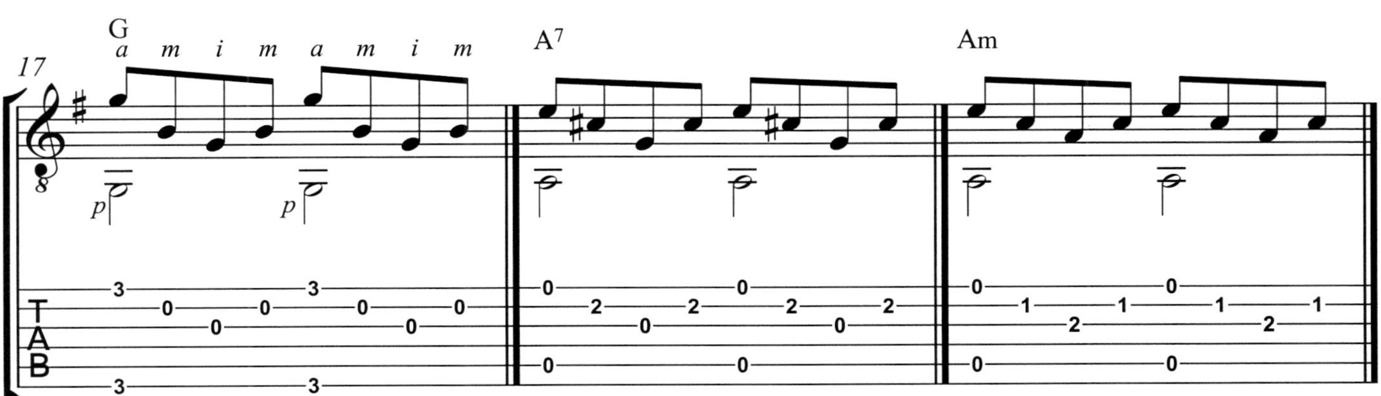


*b. zwei Akkordwechsel:* *c. drei Akkordwechsel:*

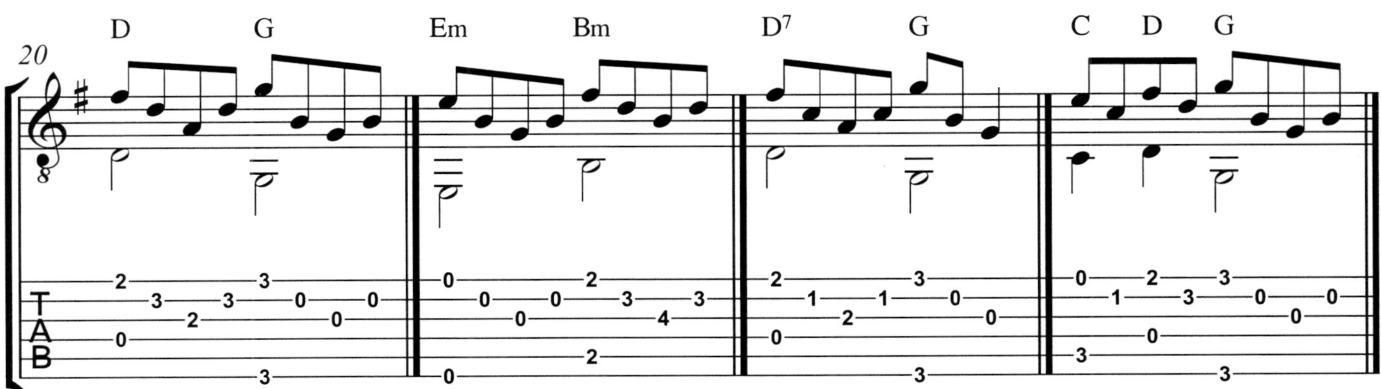

# 19. The Dark Haired Lass

(Reel)

Traditional
Bearbeitung: Volker Luft

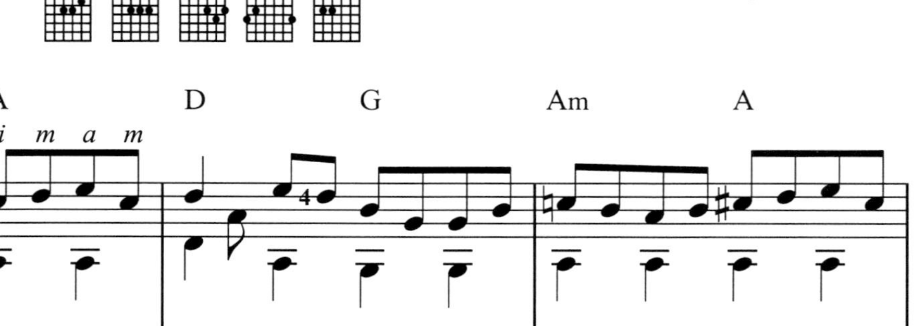


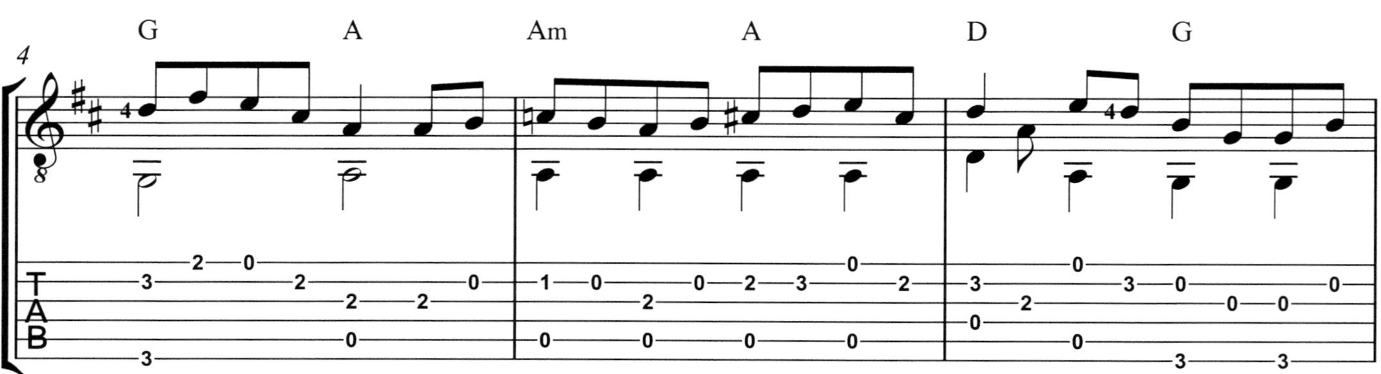


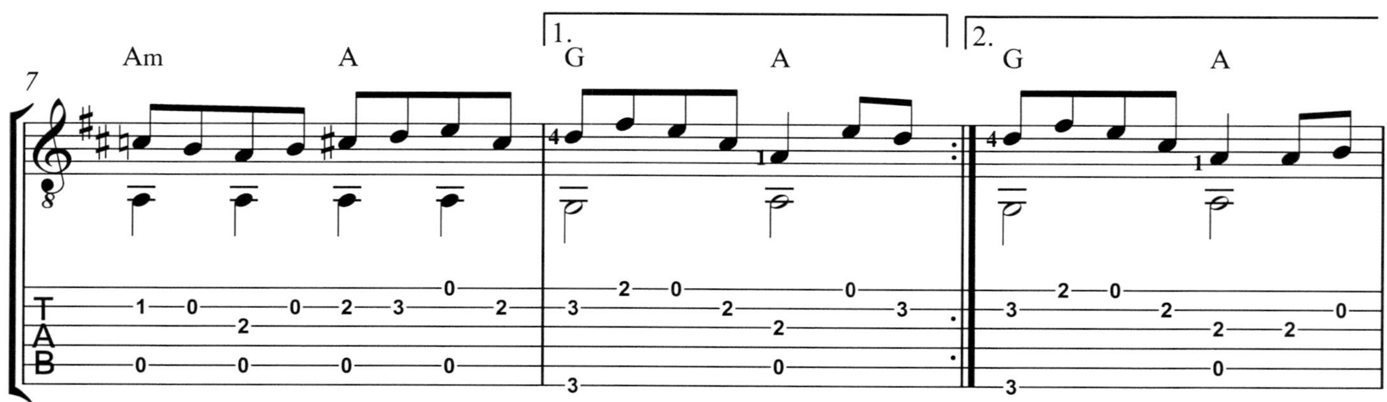


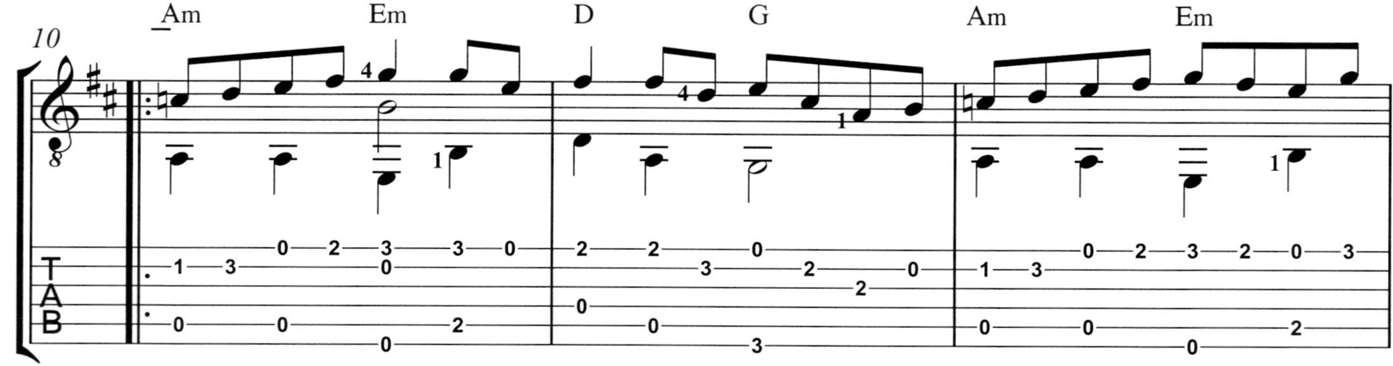

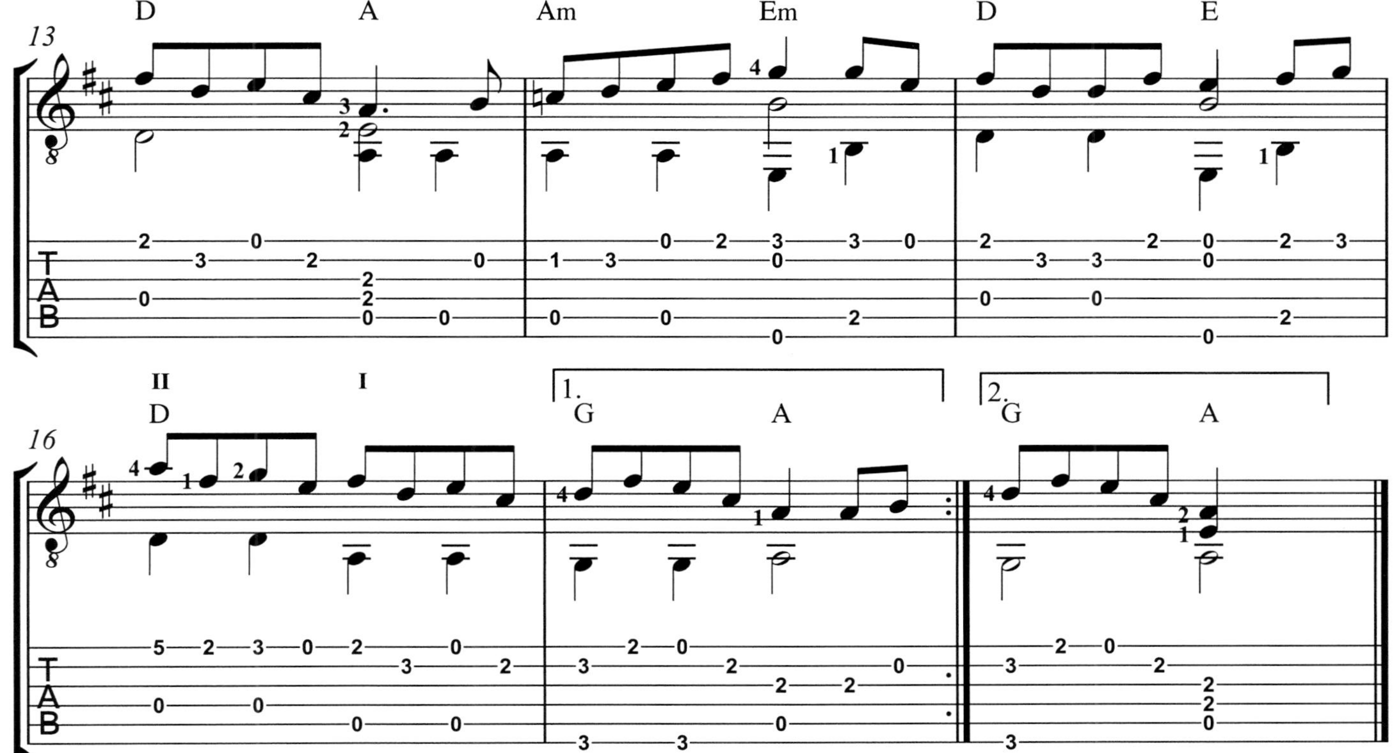


## 1. Begleitrhythmus:

*a. zwei Akkordwechsel:*

*b. ein Akkordwechsel:*

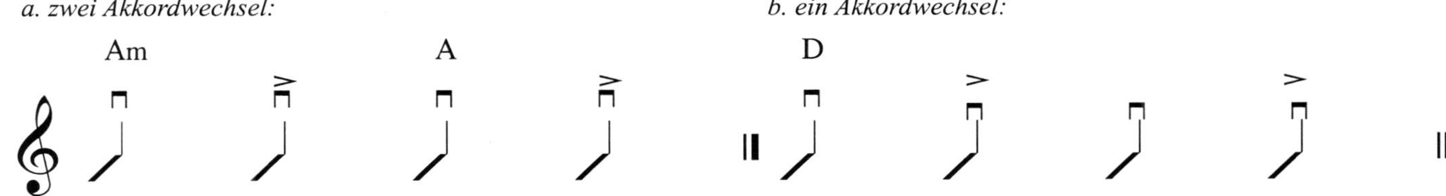


## 2. Folkpicking:

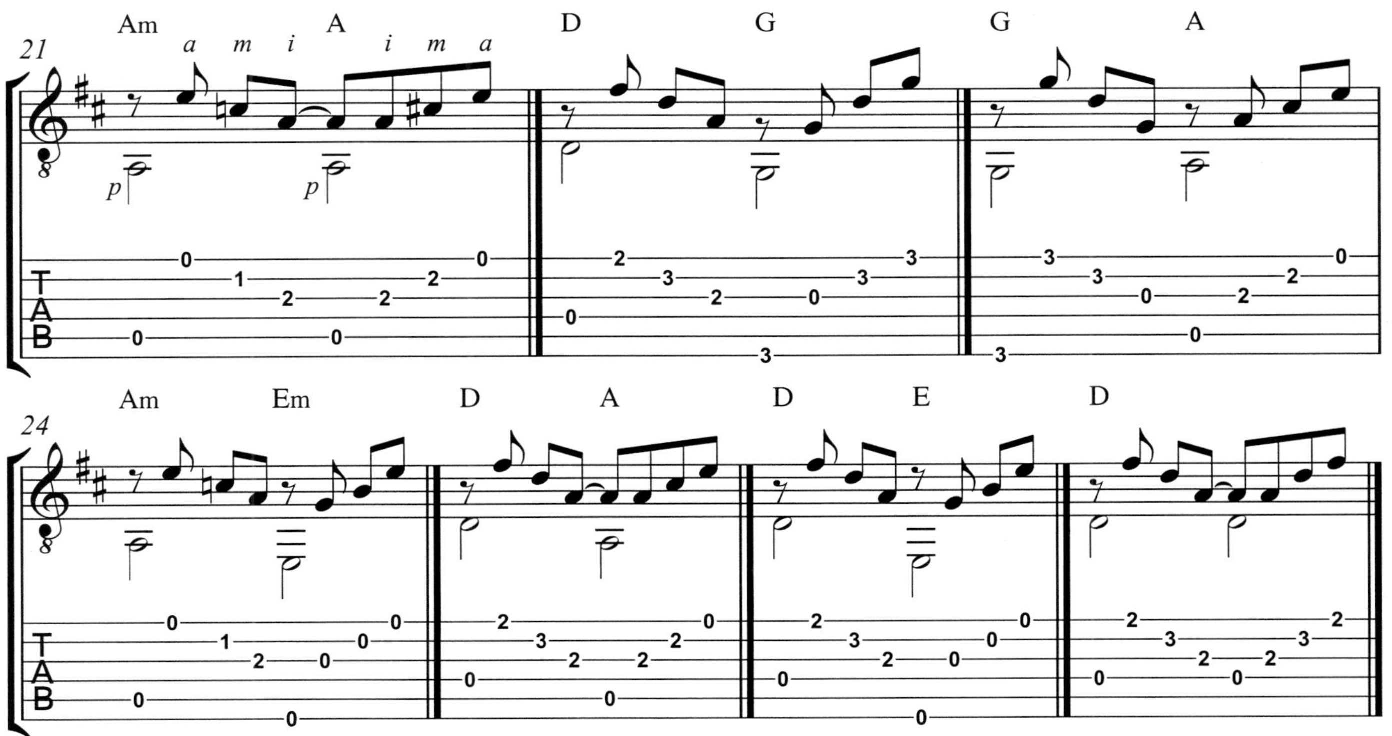

# 20. The Highland Fling

(Reel)

Traditional
Bearbeitung: Volker Luft

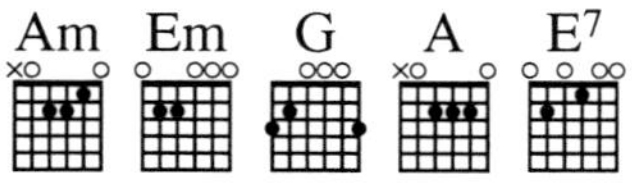

Am Em G A E7

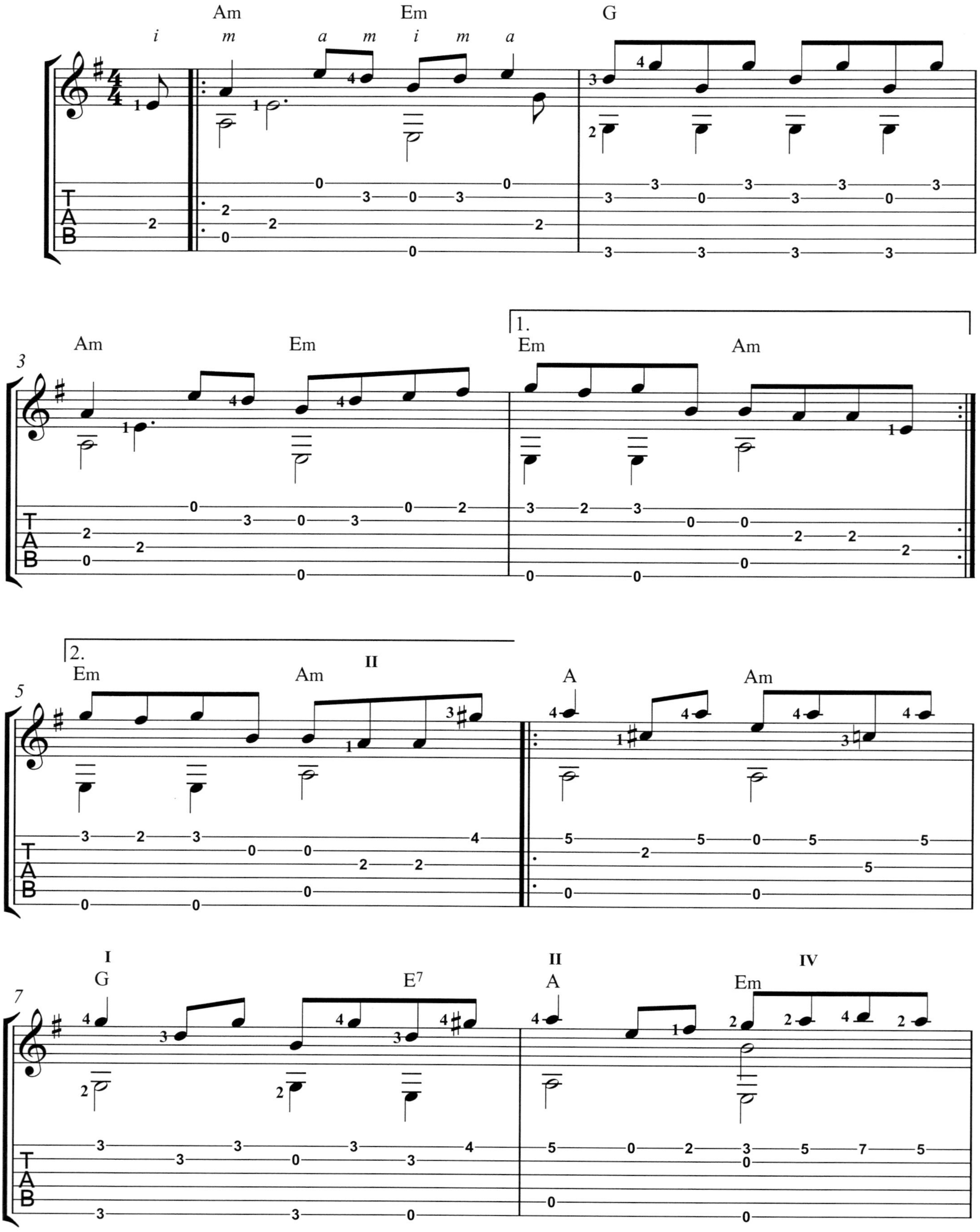

Am Em G

i m a m i m a

3

Am Em

1.

Em Am

2.

5

Em Am II

A Am

7

I

G E7

II

A

IV

Em

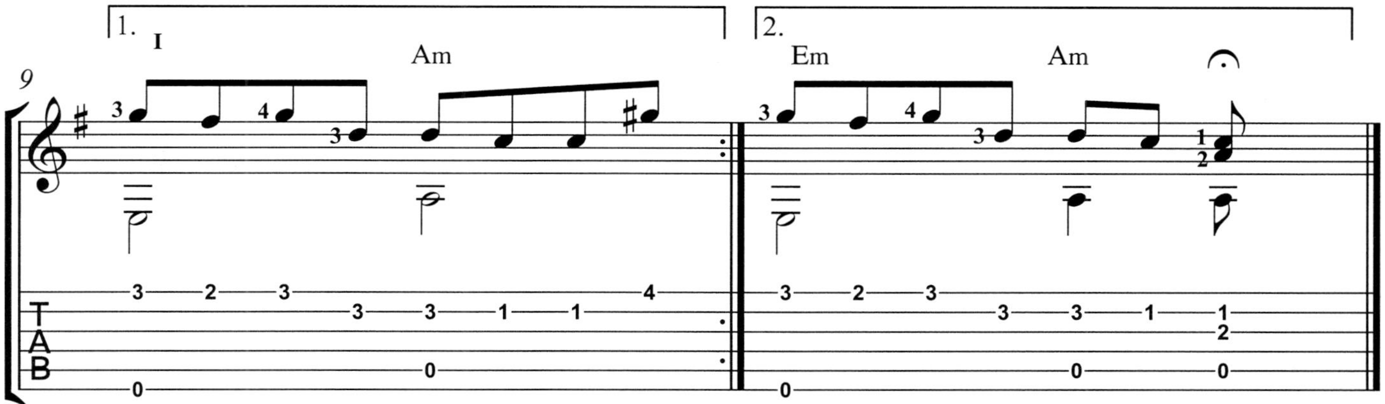


**1. Begleitrhythmus:**

*a. zwei Akkordwechsel:* *b. ohne Akkordwechsel:* *c. Akkordwechsel auf vier:*

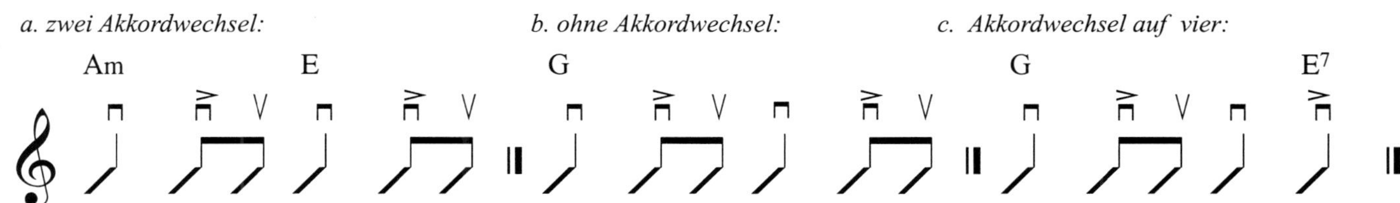


**2. Folkpicking:**

*a. zwei Akkordwechsel:*

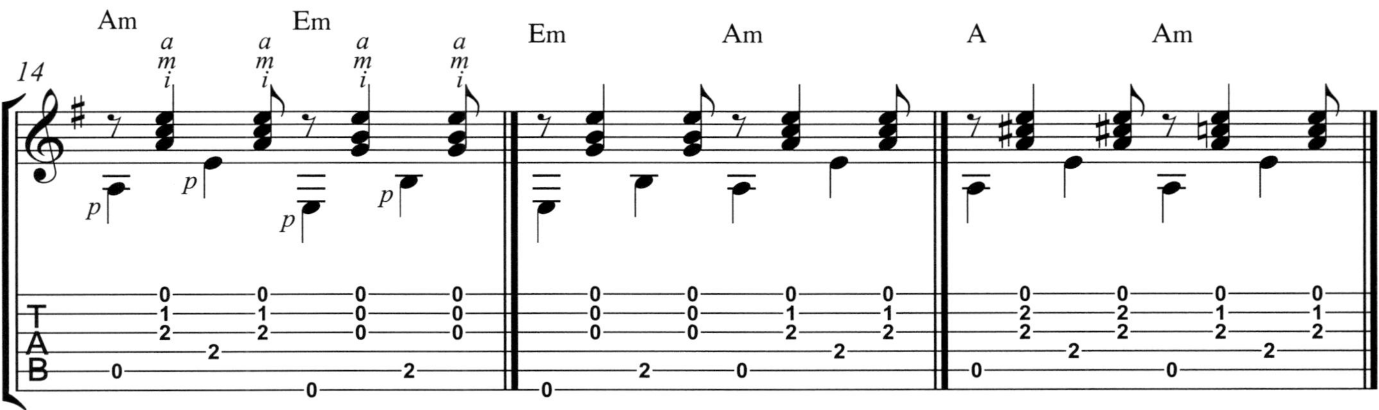


*b. ohne Akkordwechsel:* *c. Akkordwechsel auf vier:*

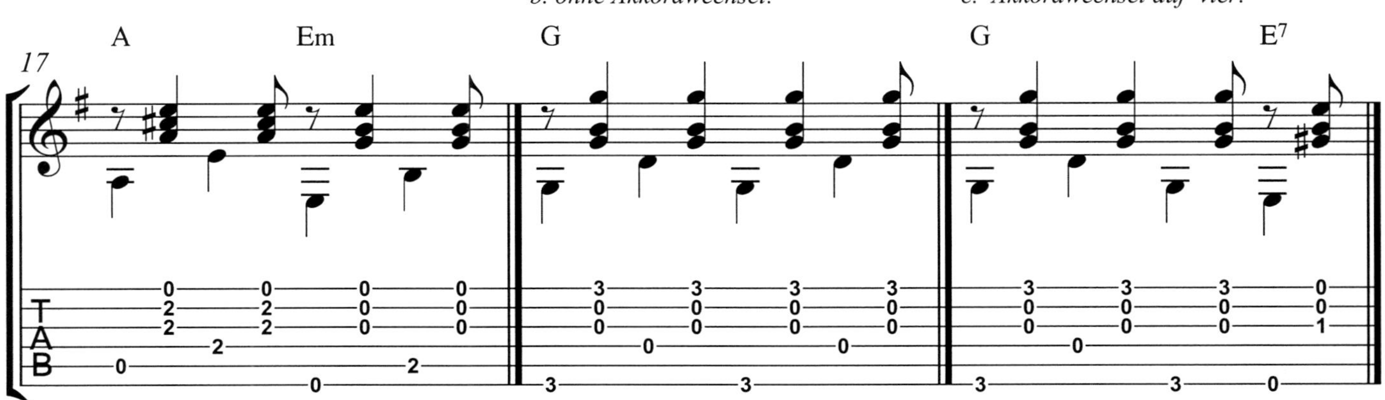

# 21. St. Patrick's Day

(Jig)

Traditional
Bearbeitung: Volker Luft

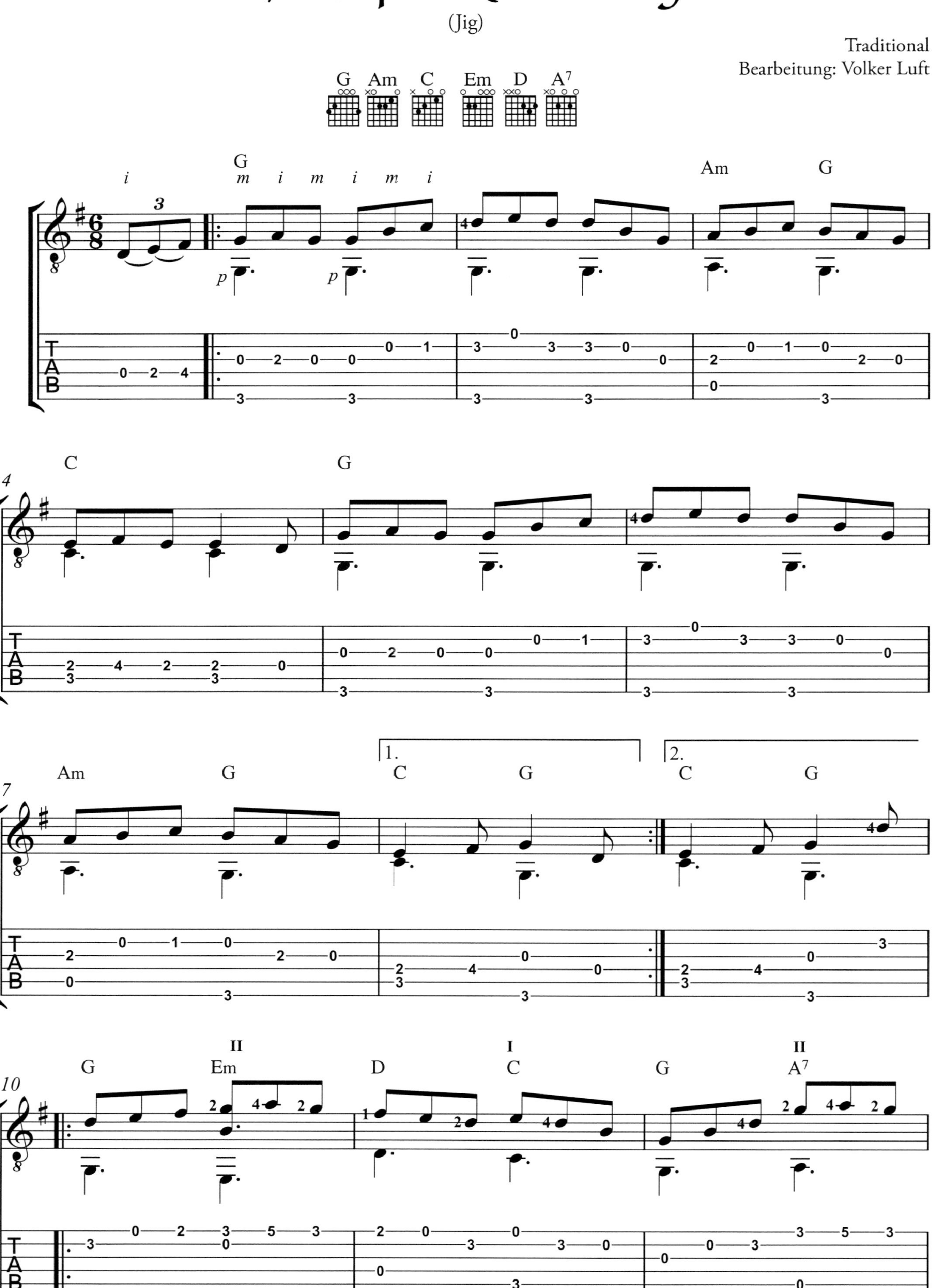

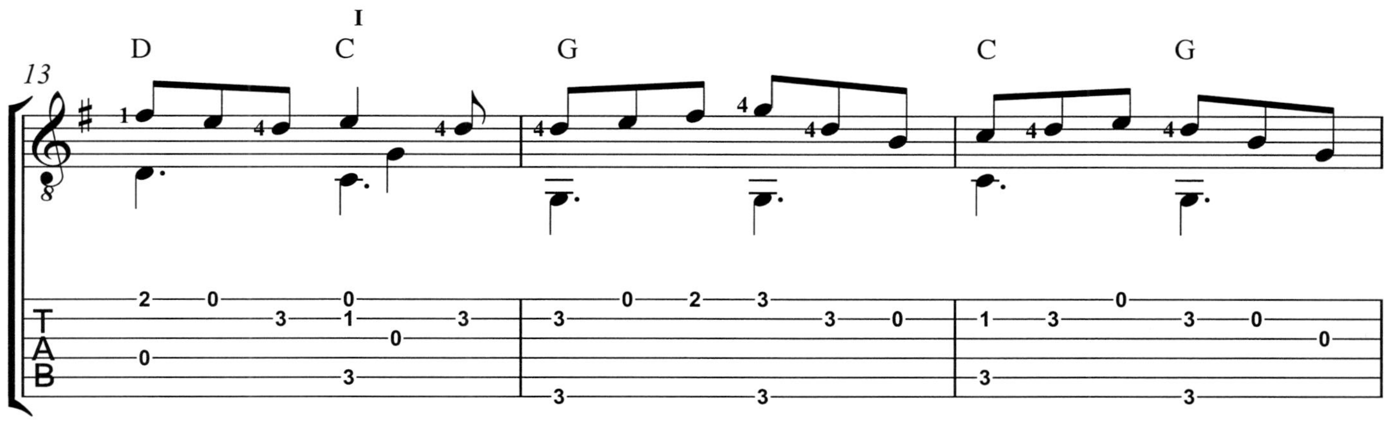


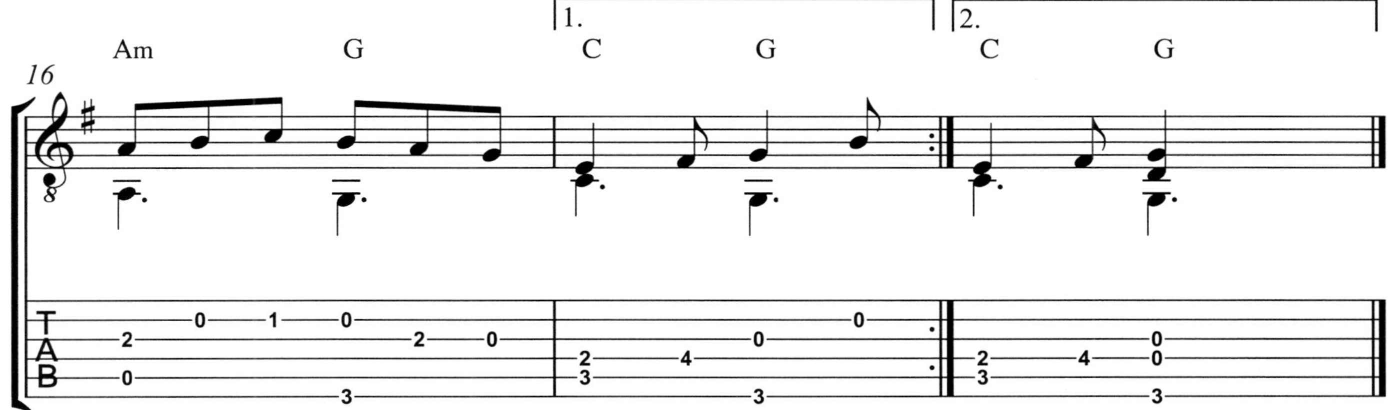


**1. Begleitrhythmus:**

*a. Standardbegleitung:*

*b. halbtaktiger Akkordwechsel:*

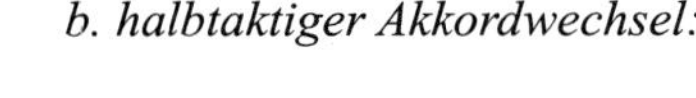

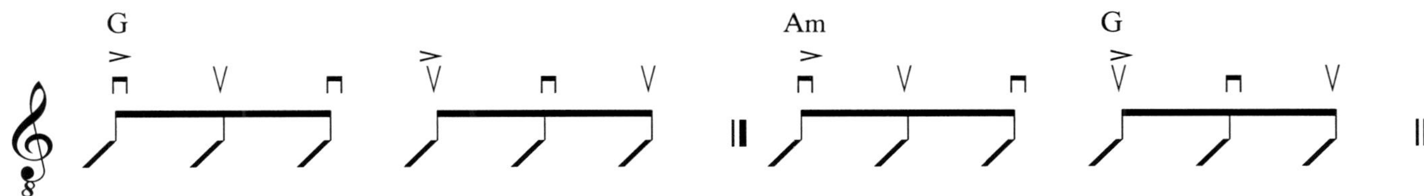


**2. Folkpicking:**

*a. Standardbegleitung:*

*b. halbtaktiger Akkordwechsel:*

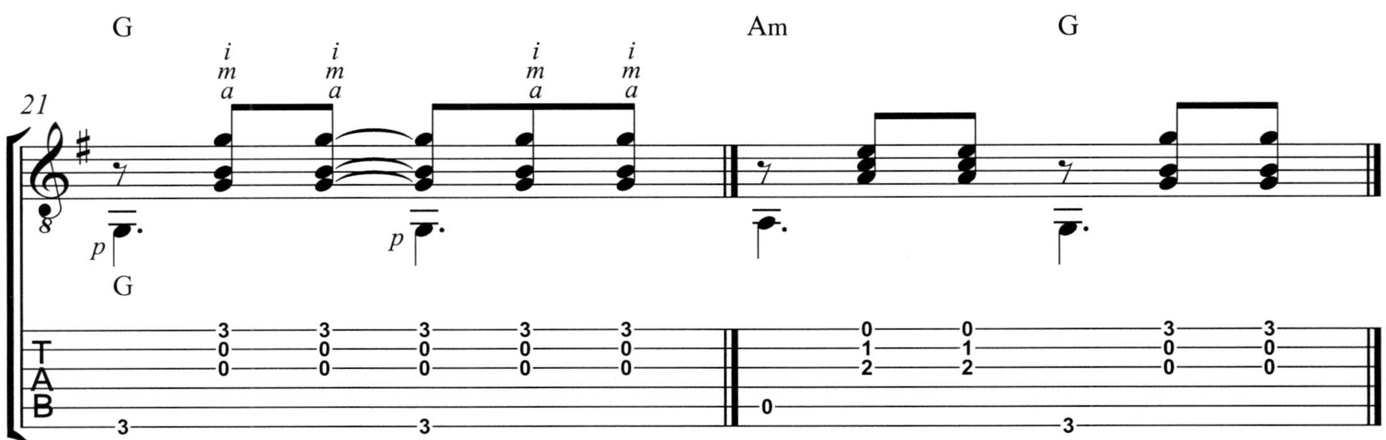

# 22. The Monagham

(Jig)

Traditional
Bearbeitung: Volker Luft

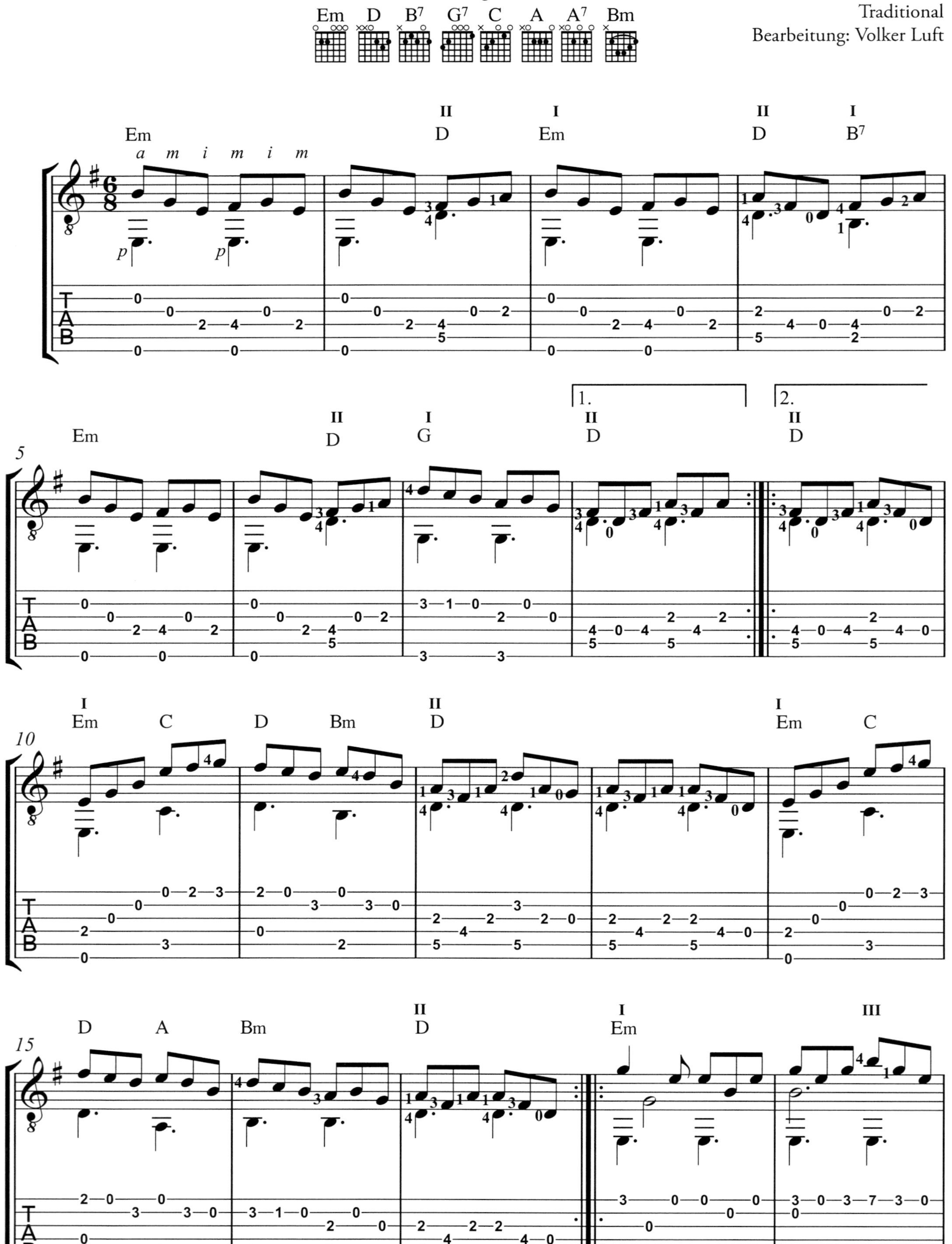

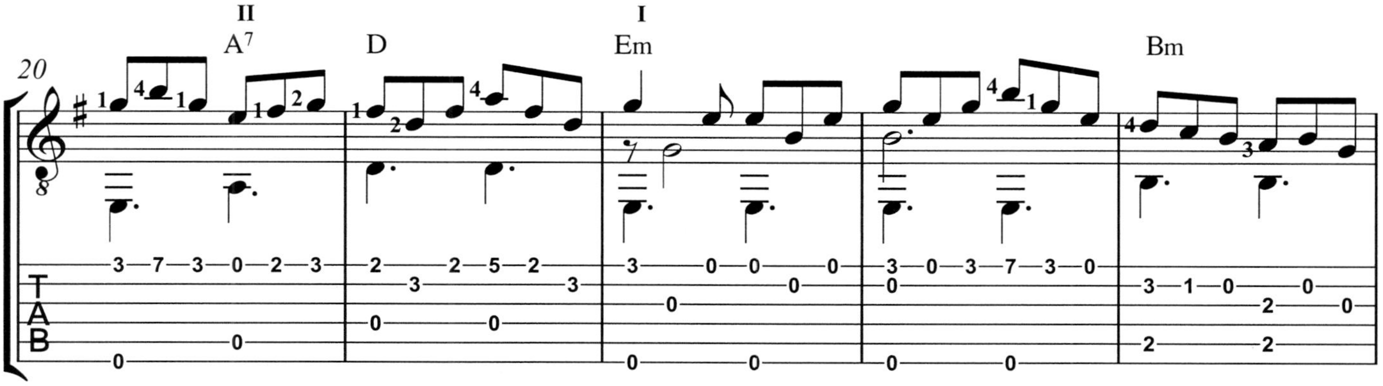

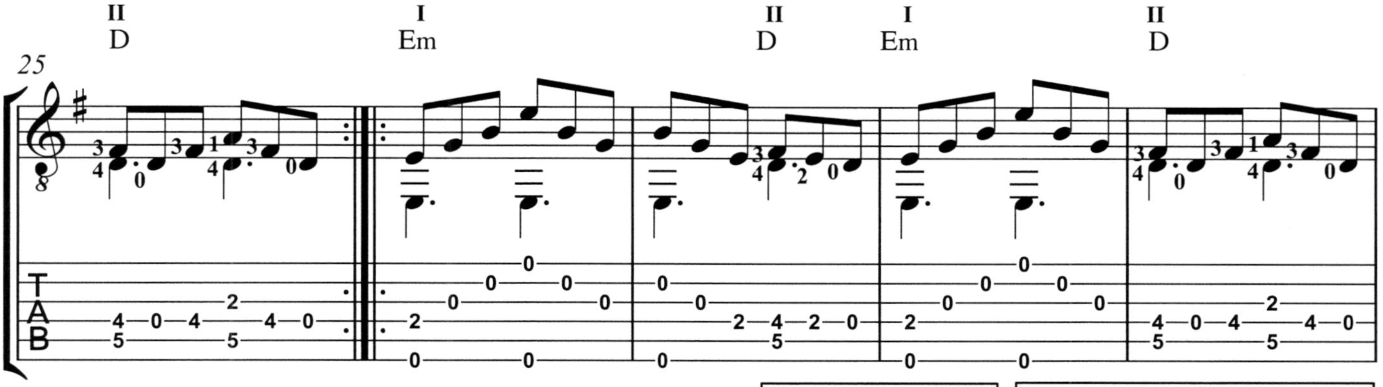

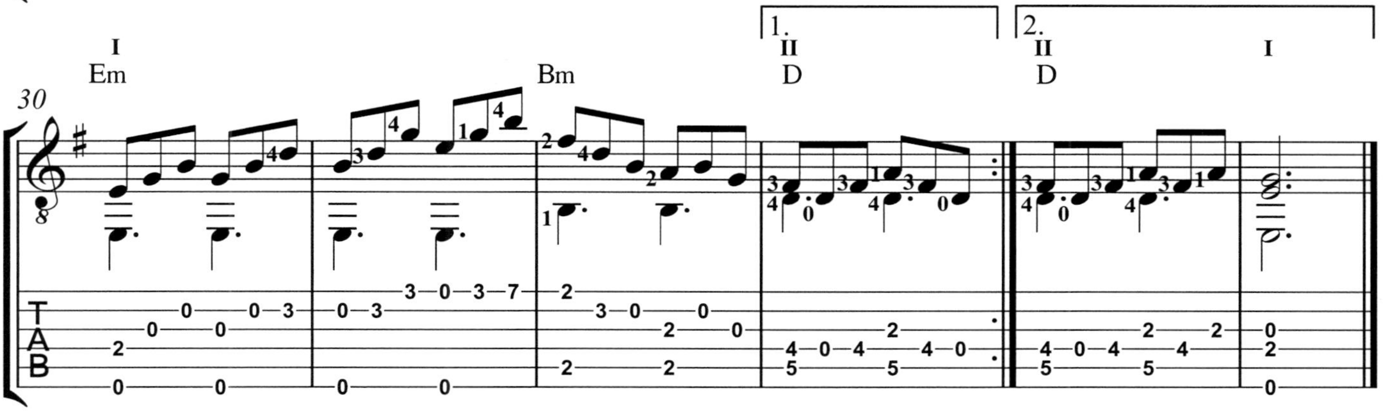

### *1. Begleitrhythmus:*

*a. Standardbegleitung:*

*b. halbtaktiger Akkordwechsel:*

### *2. Folkpicking:*

*a. Standardbegleitung:*

*b. halbtaktiger Akkordwechsel:*

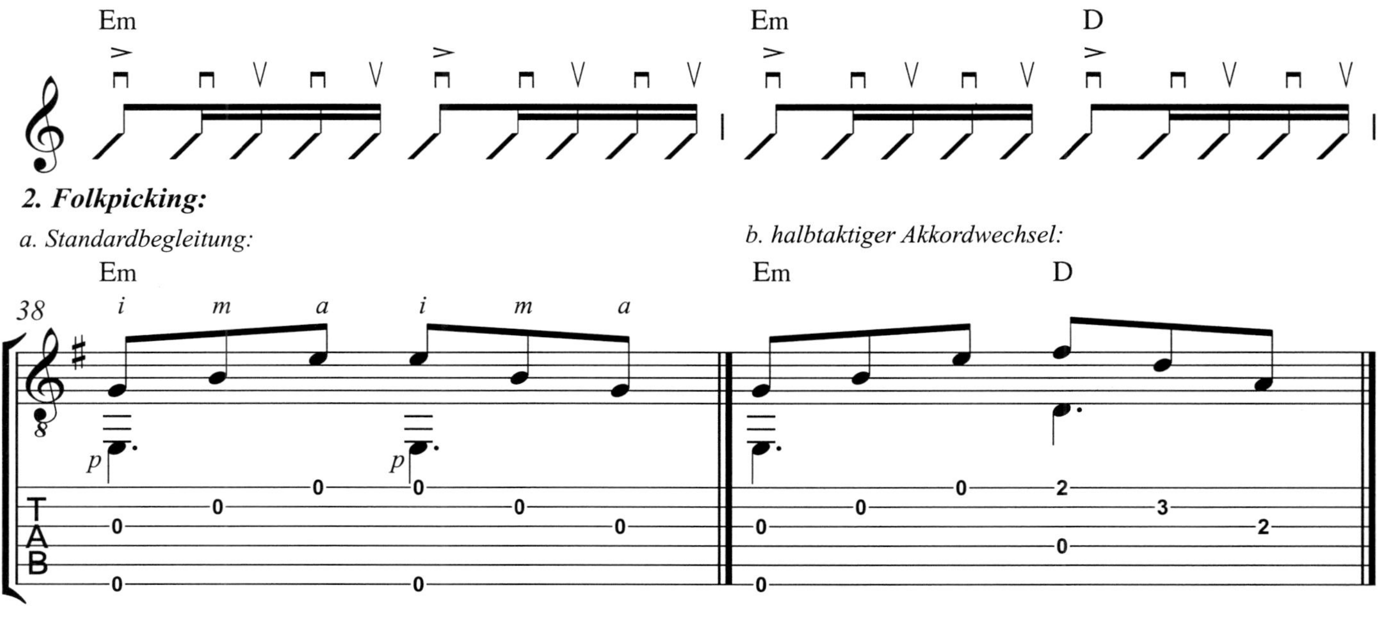

# 23. The Irish Washerwoman

(Jig)

Traditional
Bearbeitung: Volker Luft

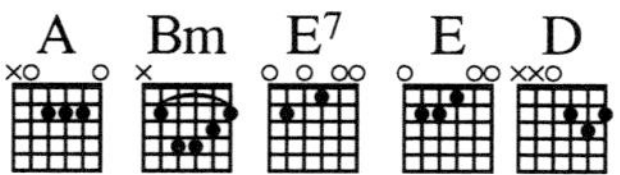


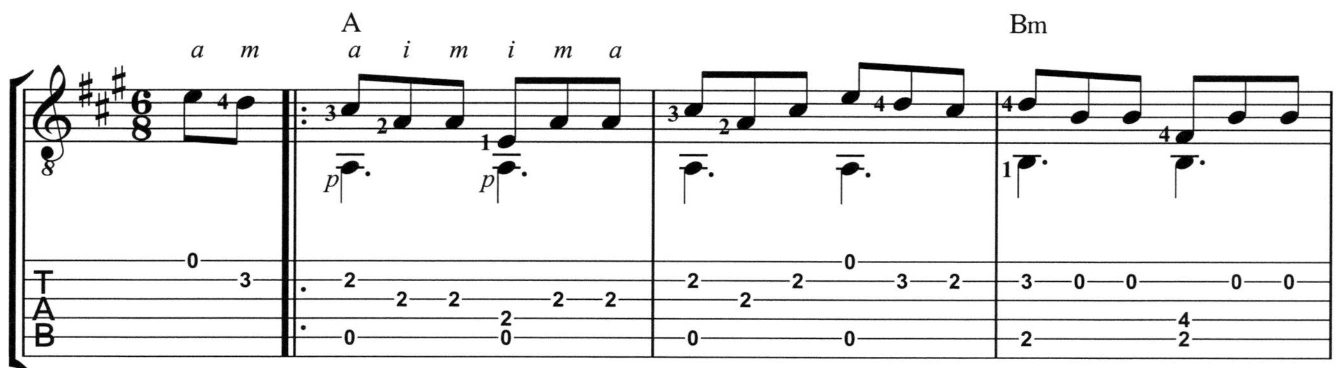


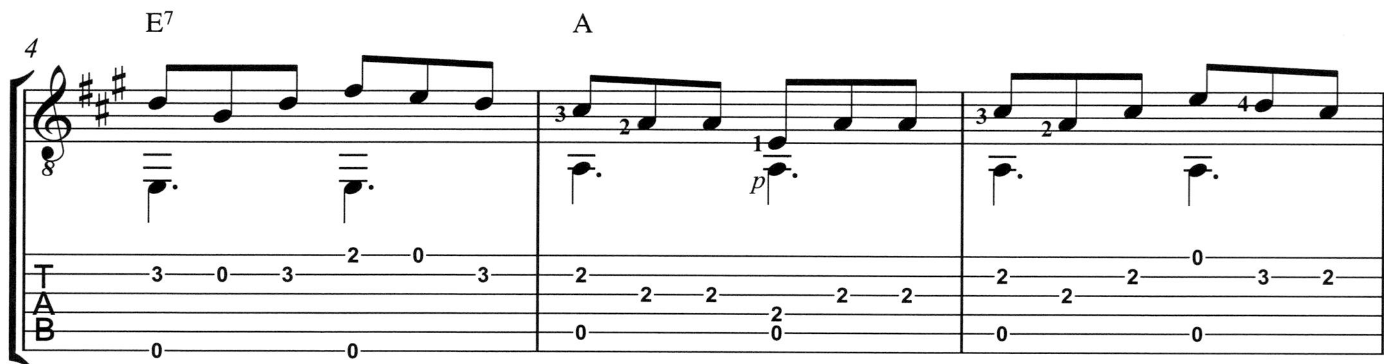


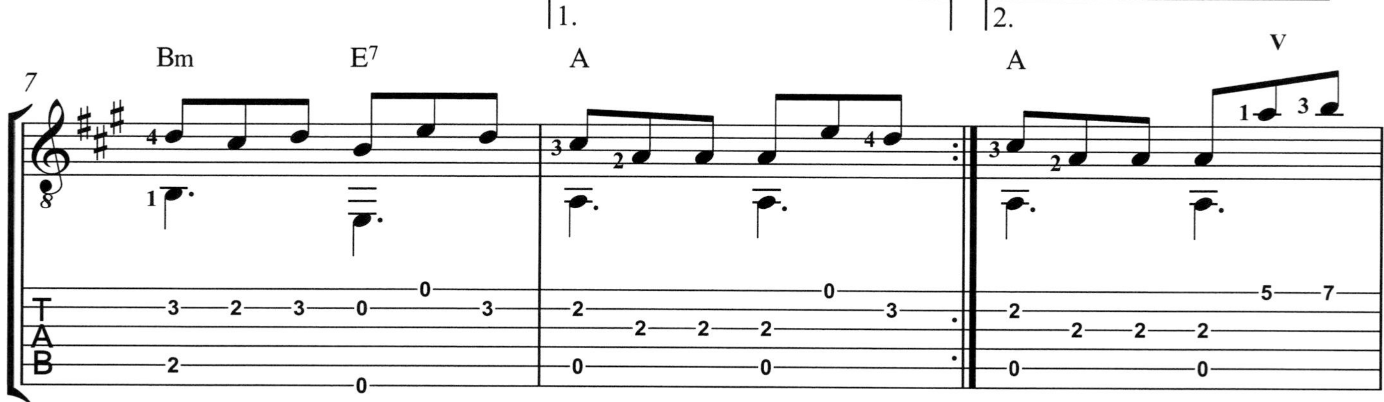


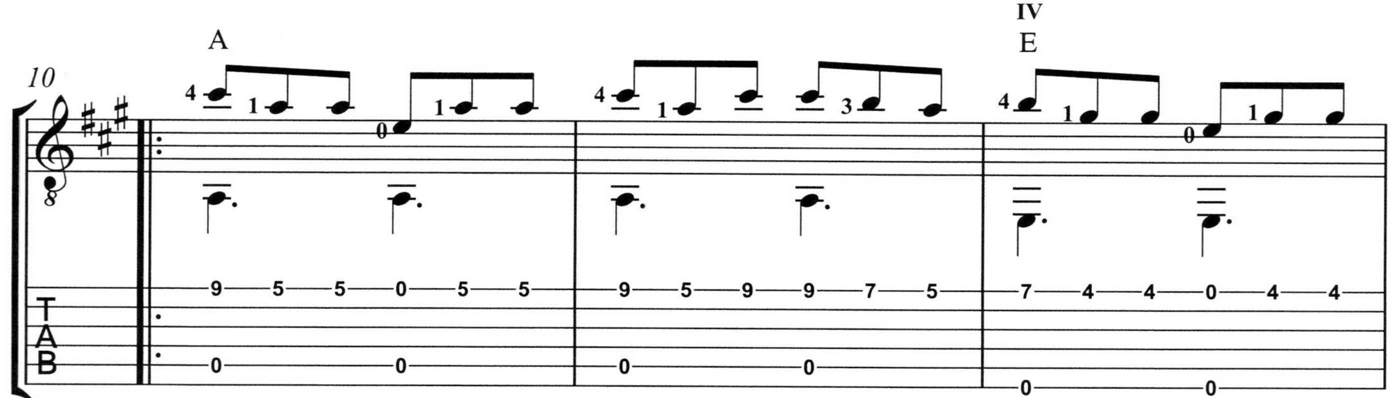

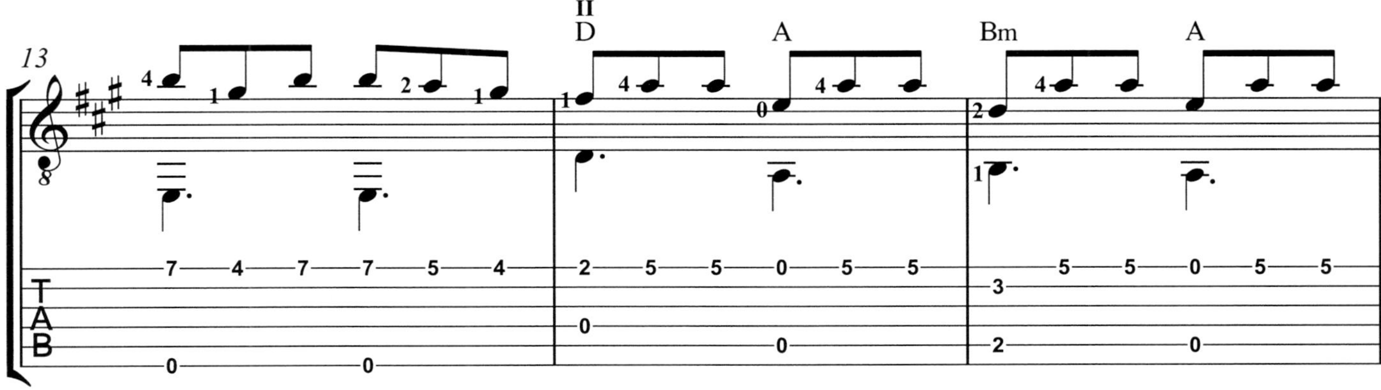


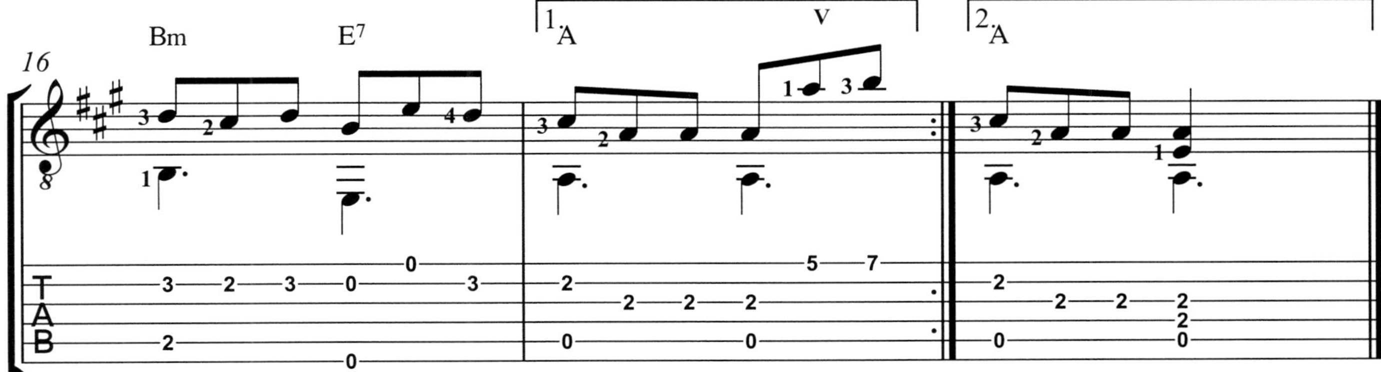


**1. Begleitrhythmus:**

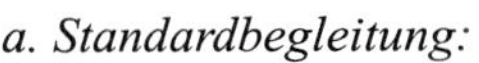
*a. Standardbegleitung:*

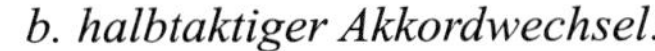
*b. halbtaktiger Akkordwechsel:*

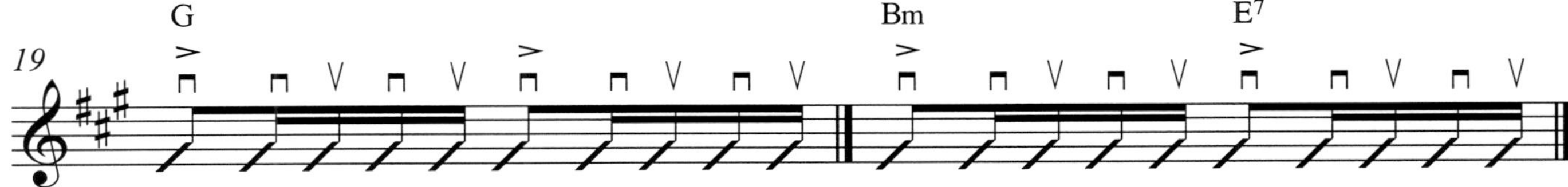


**2. Folkpicking:**

*a. Standardbegleitung:*

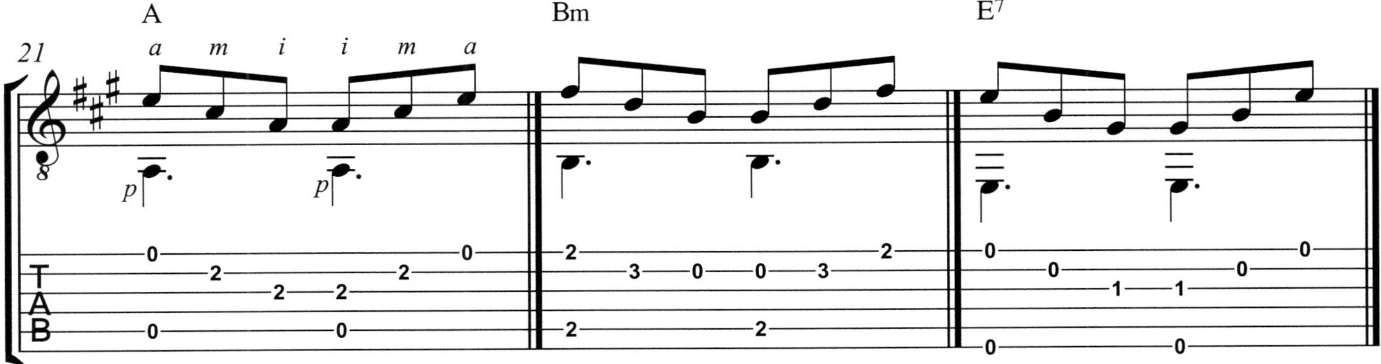


*b. halbtaktiger Akkordwechsel:*

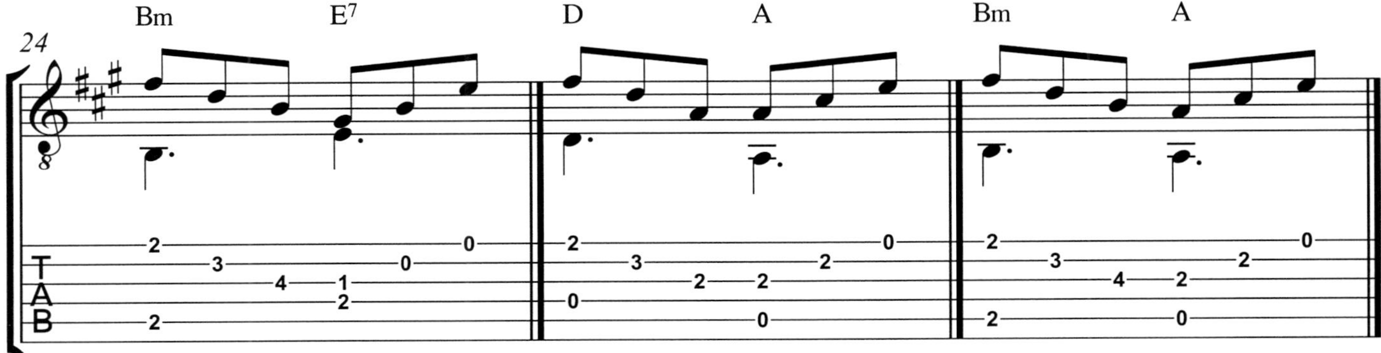

# 24. The Gobby-O

(Jig)

Traditional
Bearbeitung: Volker Luft

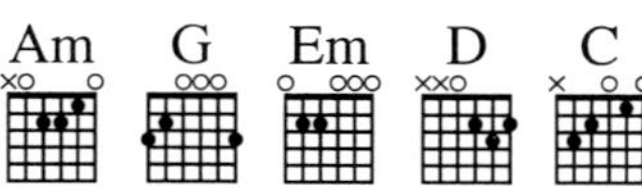


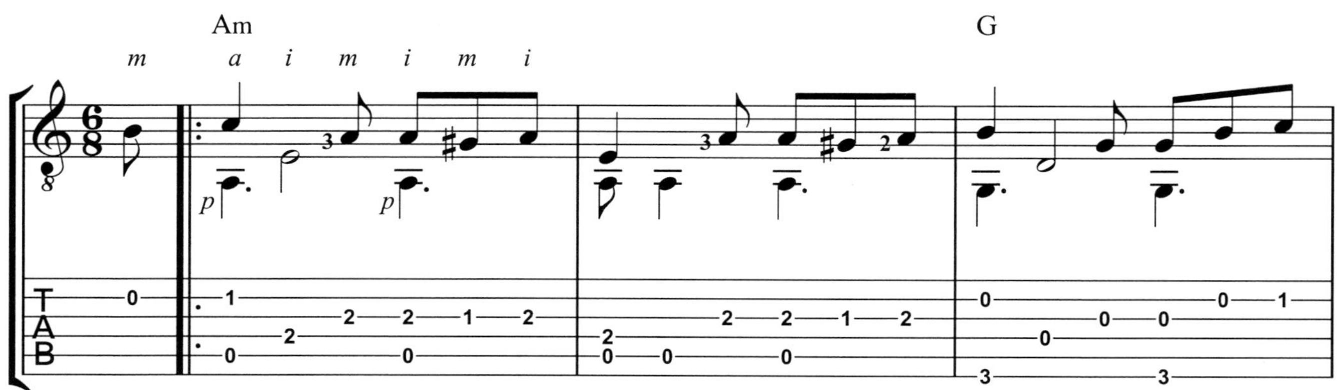


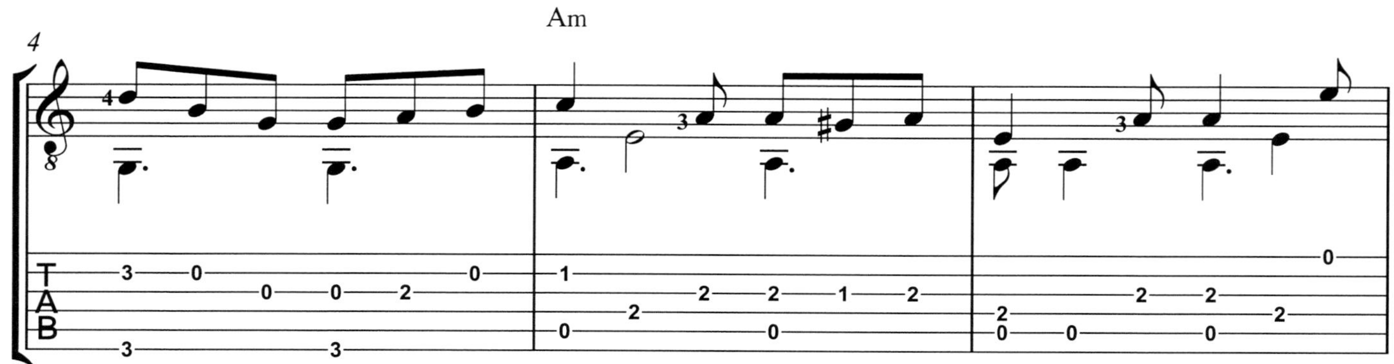


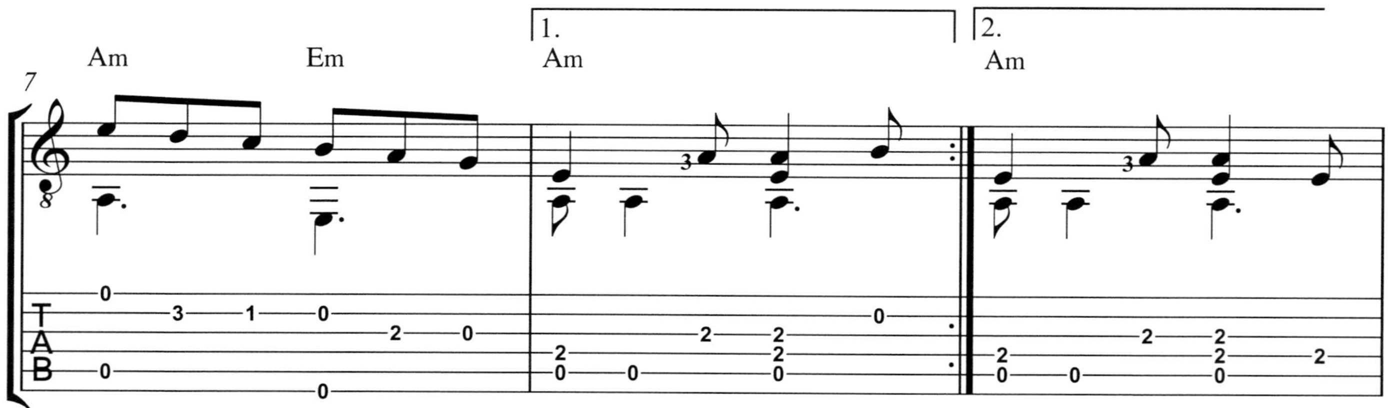


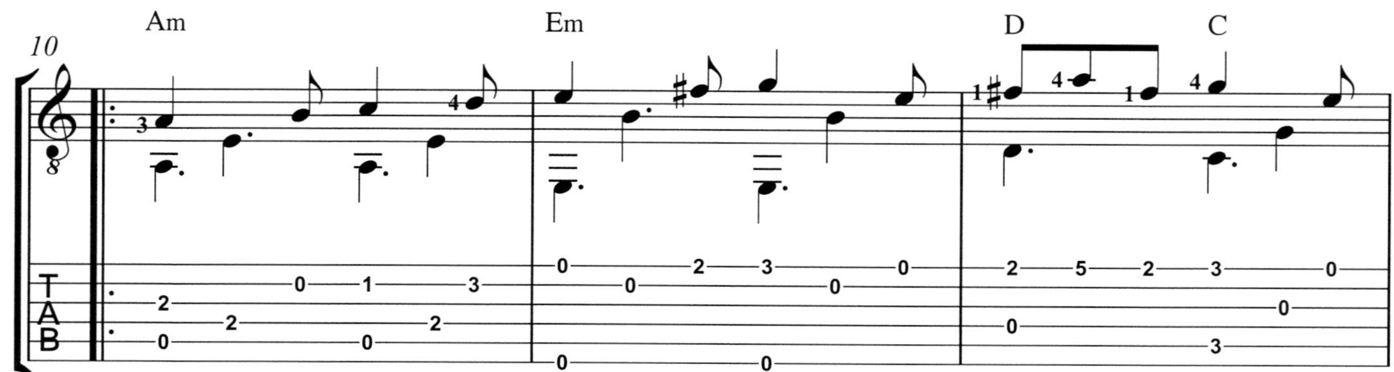

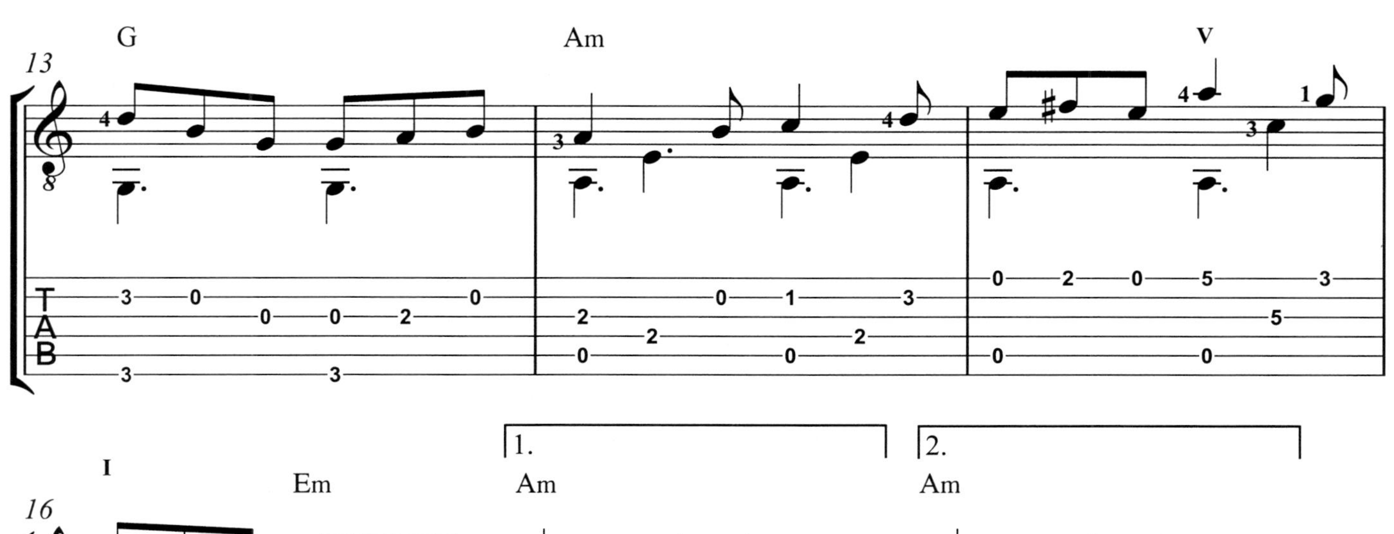


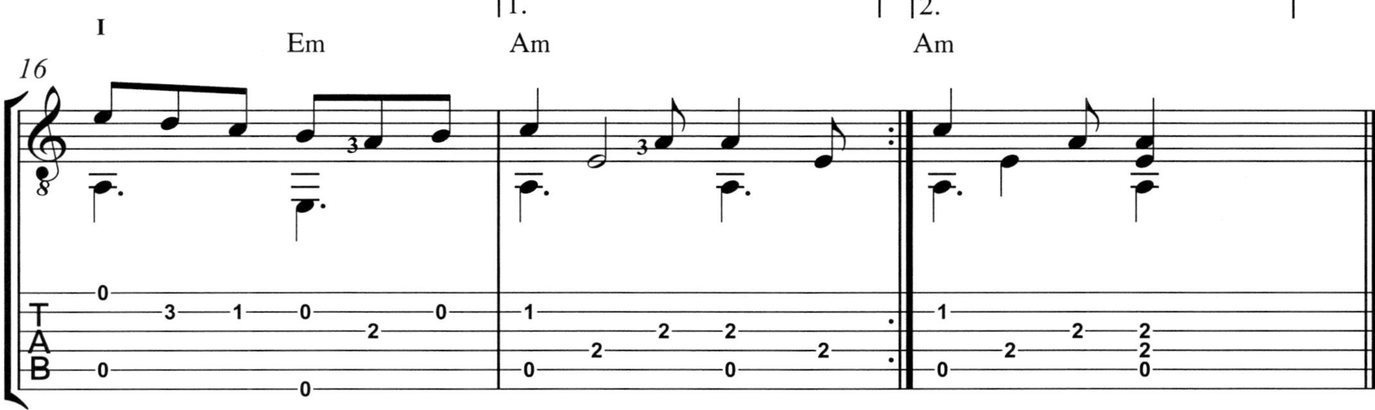


**1. Begleitrhythmus:**

*a. Standardbegleitung:*

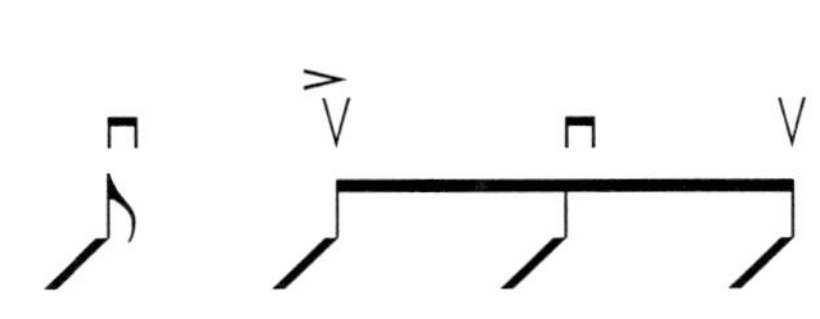


*b. halbtaktiger Akkordwechsel:*

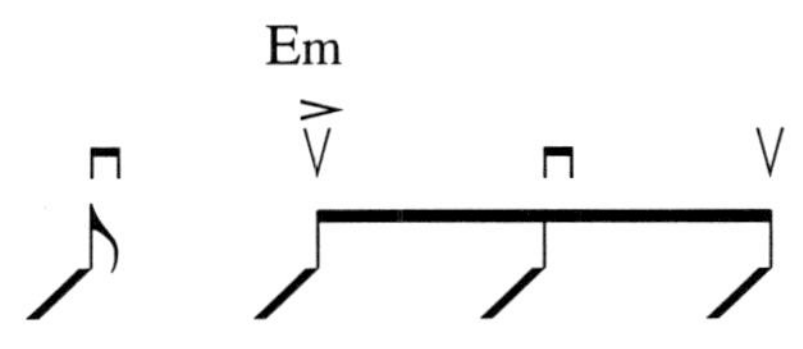


**2. Folkpicking:**

*a. Standardbegleitung:*

*b. halbtaktiger Akkordwechsel:*

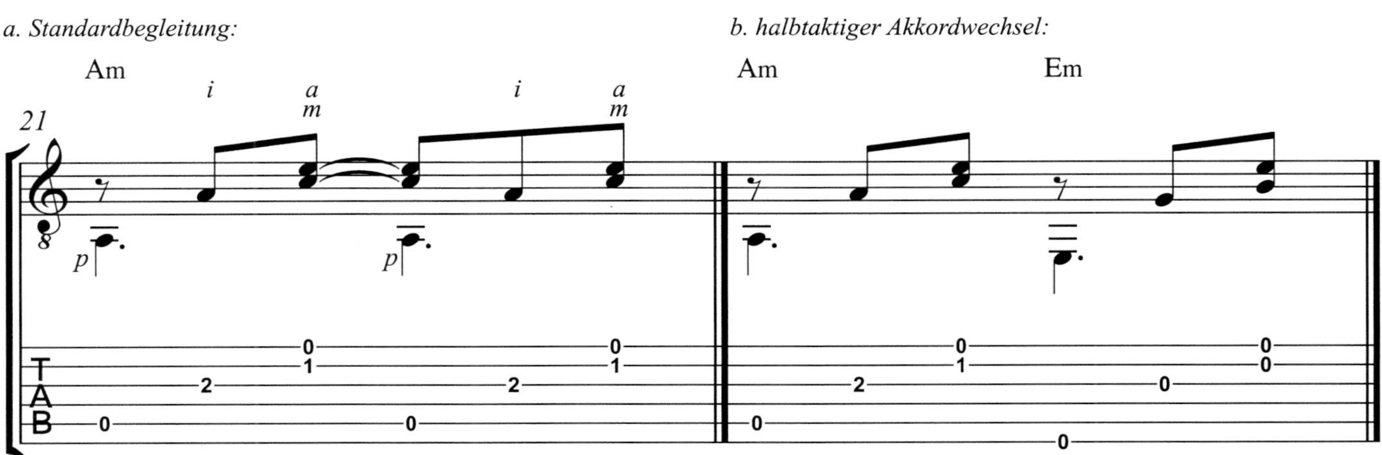

# 25. Lady Douglas Mary

(Jig)

Traditional
Bearbeitung: Volker Luft

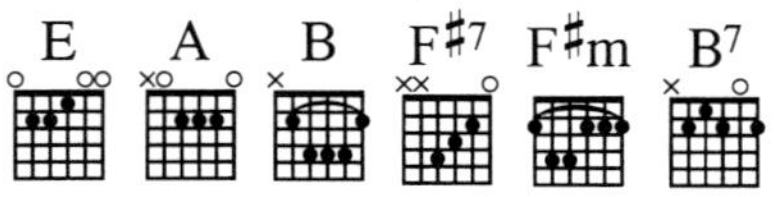

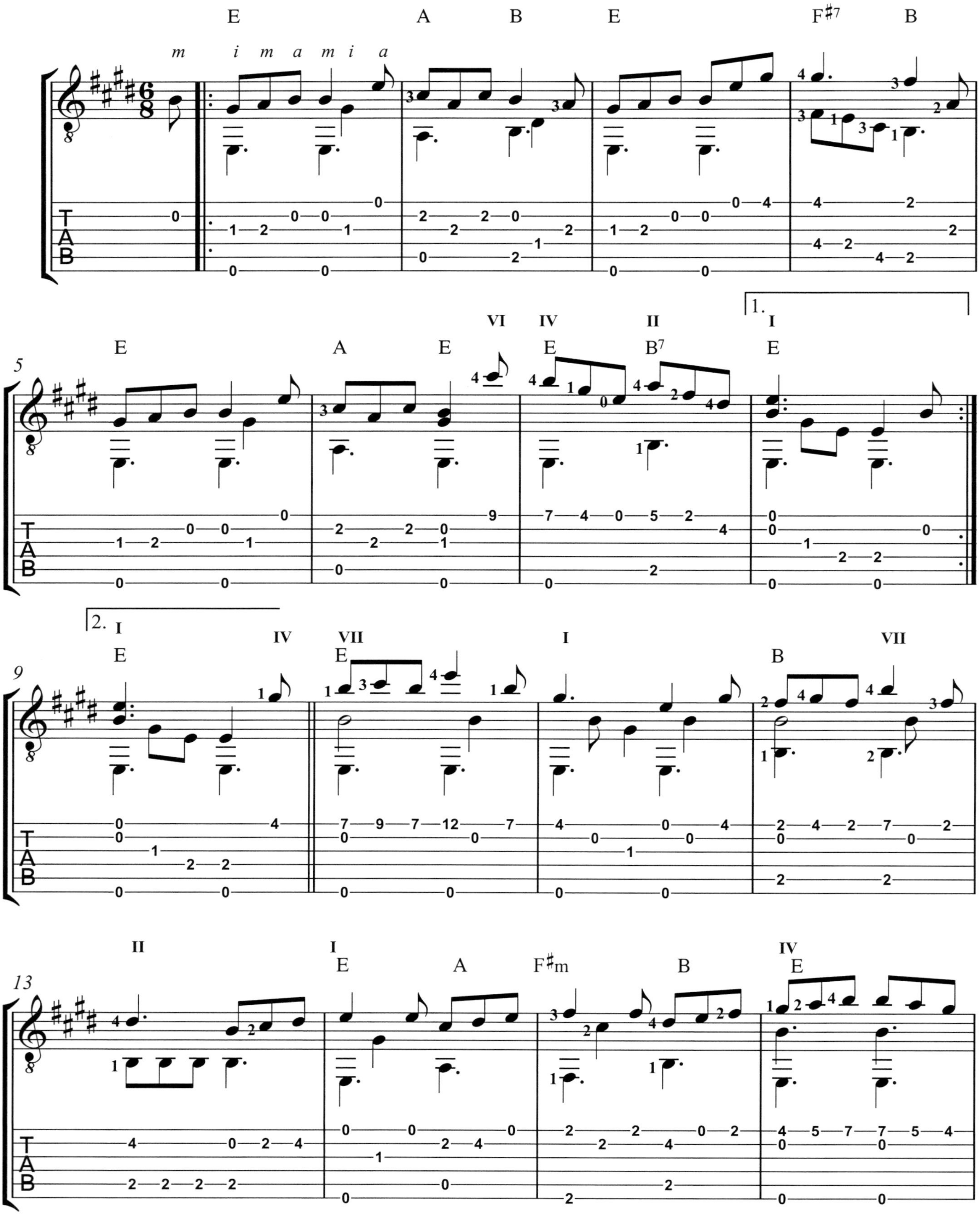

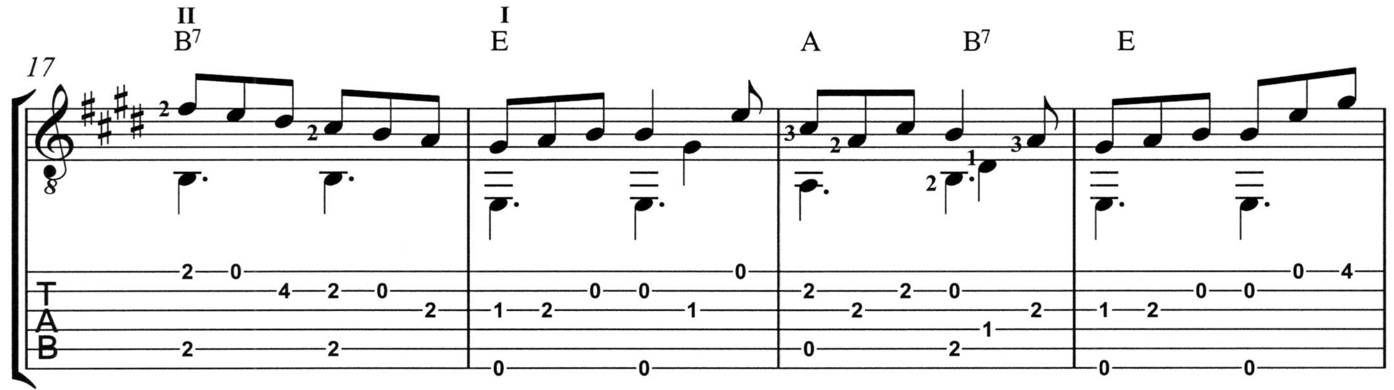


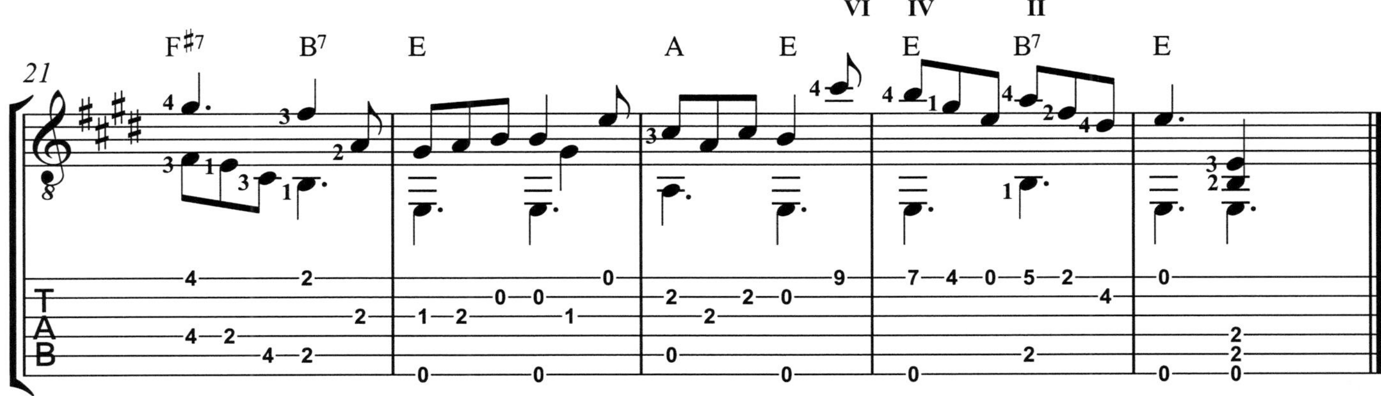


## 1. Begleitrhythmus:

*a. Standardbegleitung:*

*b. halbtaktiger Akkordwechsel:*

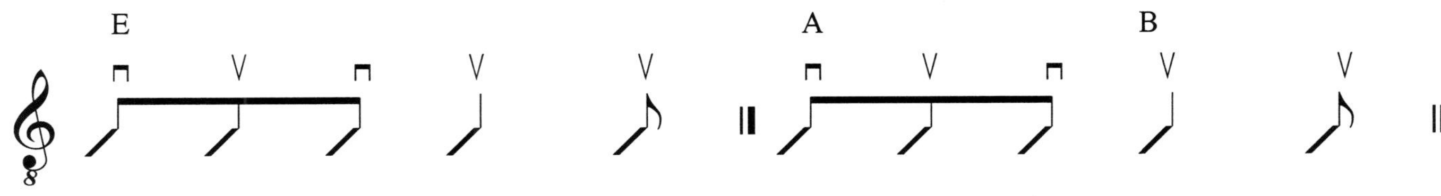


## 2. Folkpicking:

*a. Standardbegleitung:*

*b. halbtaktiger Akkordwechsel:*

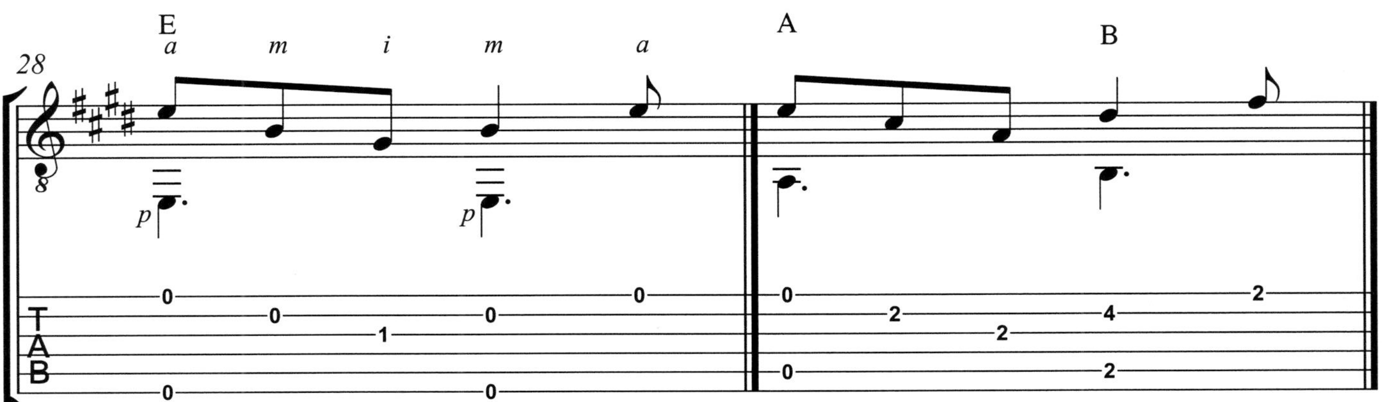

# 26. McNamaras March

(March)

Traditional
Bearbeitung: Volker Luft

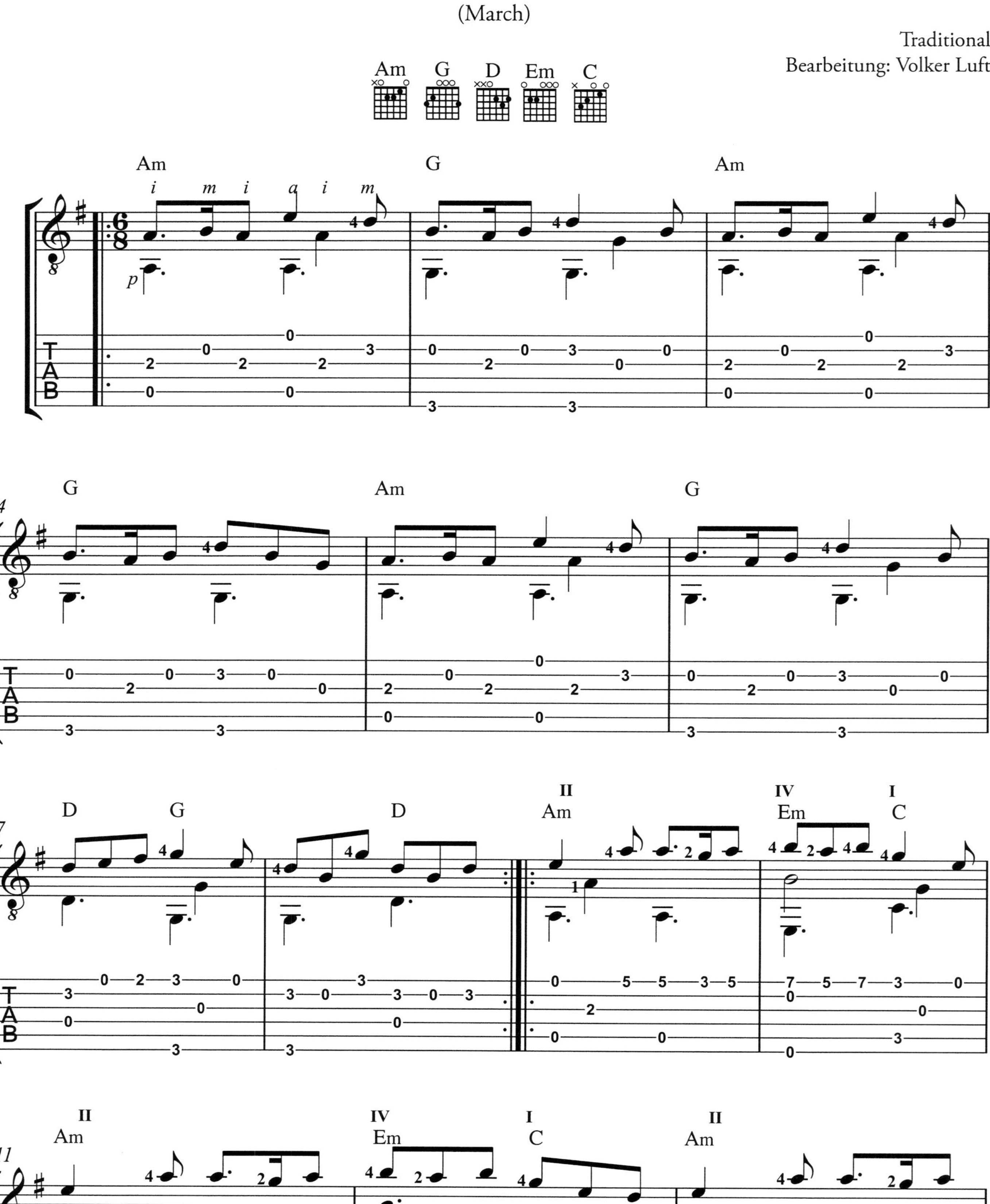

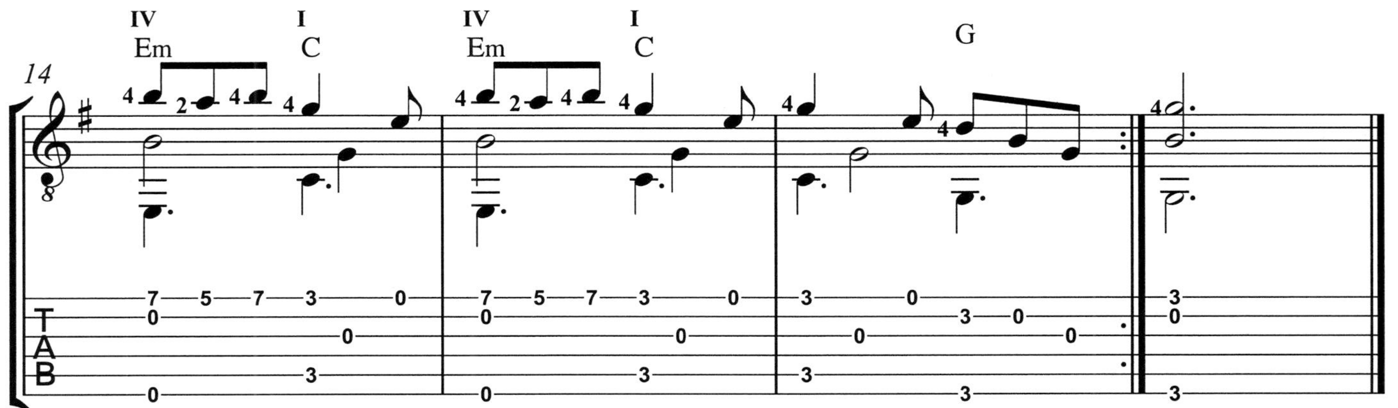


### 1. Begleitrhythmus:

*a. Standardbegleitung:*

*b. halbtaktiger Wechsel:*

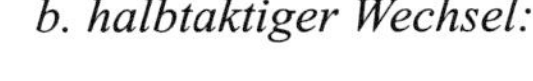
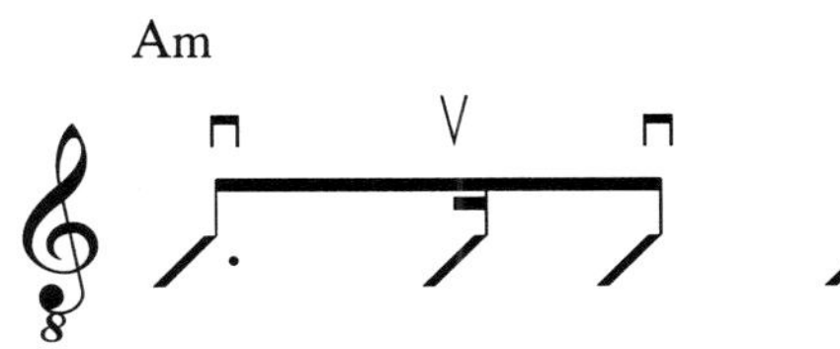

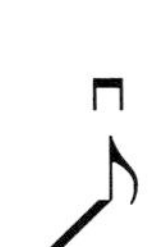
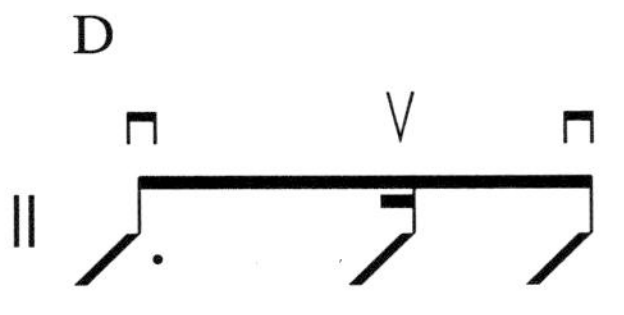

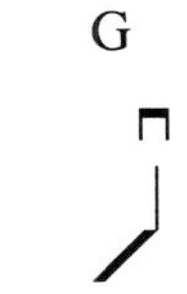

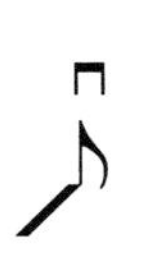

### 2. Folkpicking:

*a. Standardbegleitung:*

*b. halbtaktiger Wechsel:*

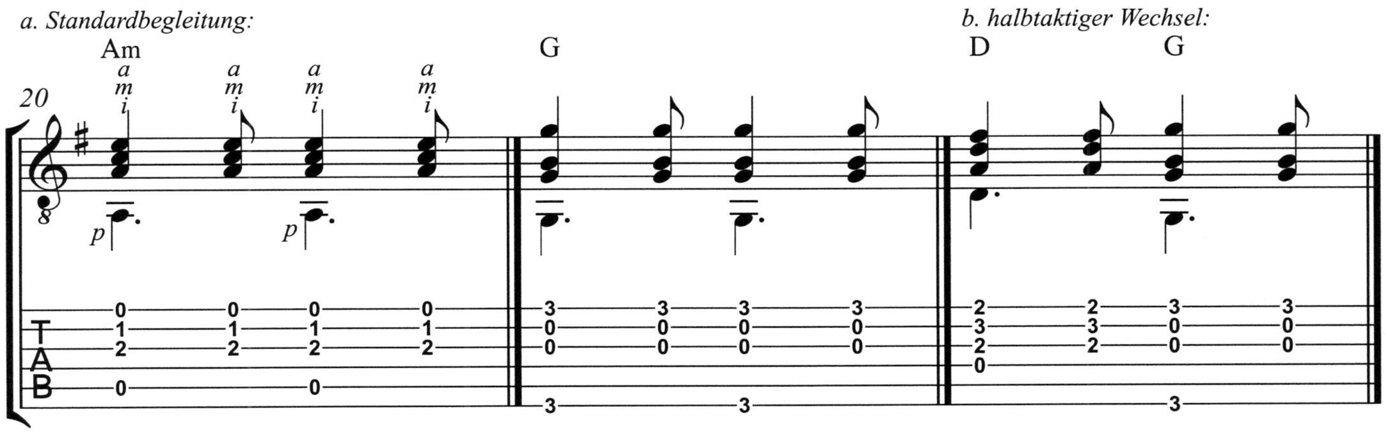


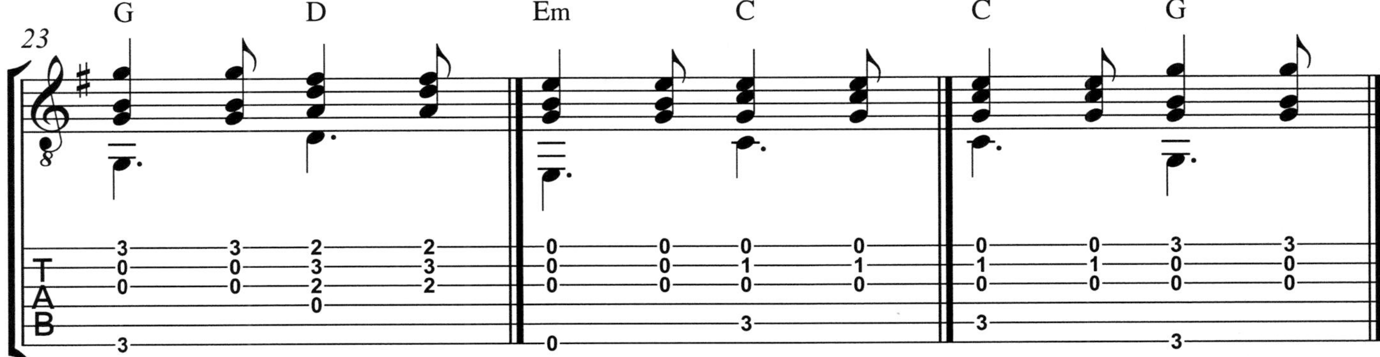

# 27. Johnny Cope

(March)

Traditional
Bearbeitung: Volker Luft

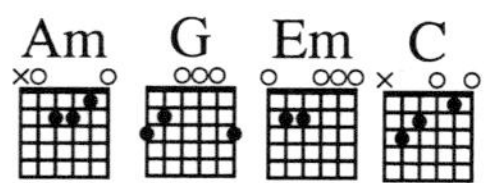


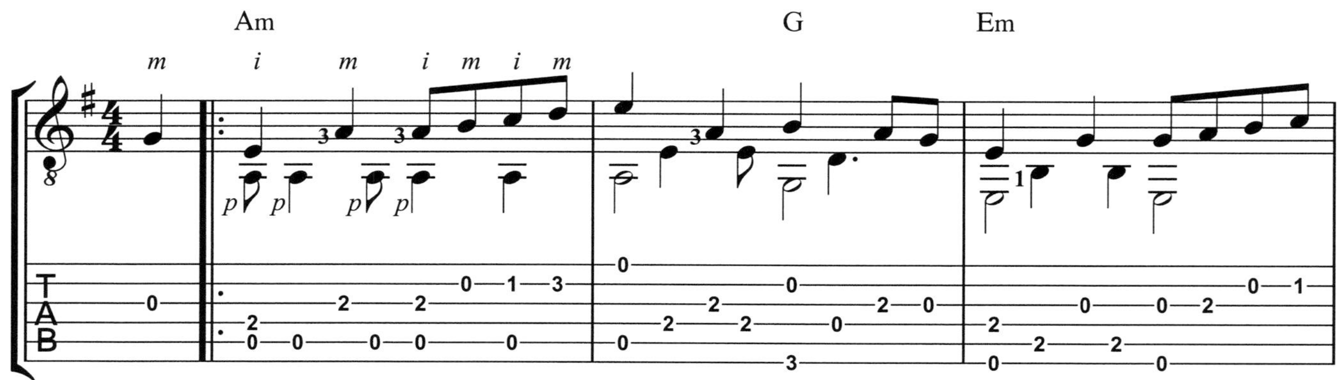


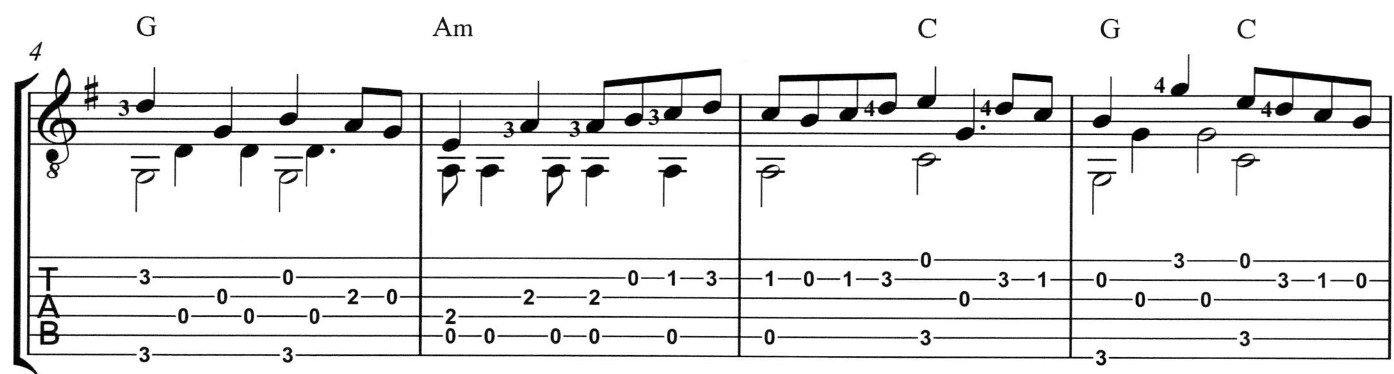


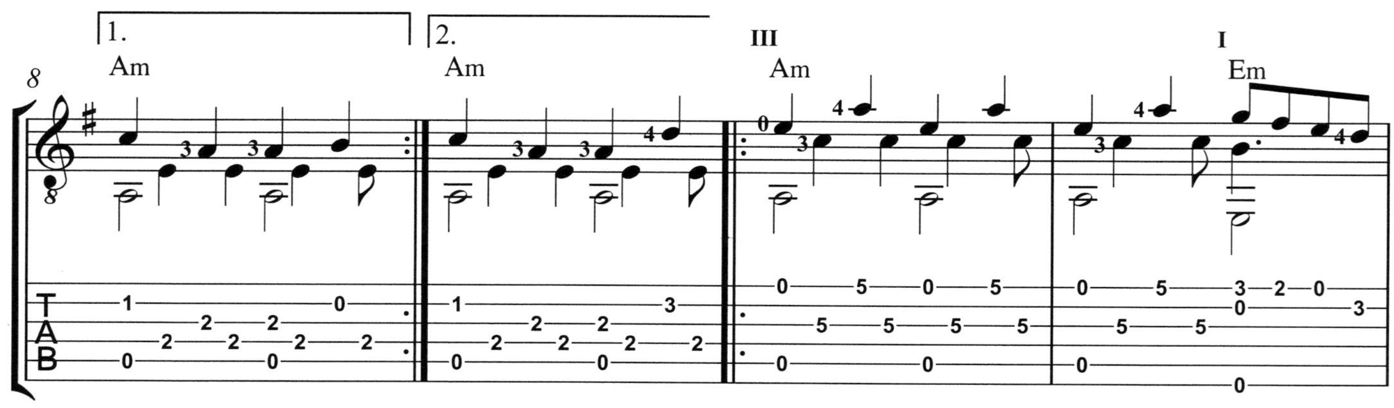


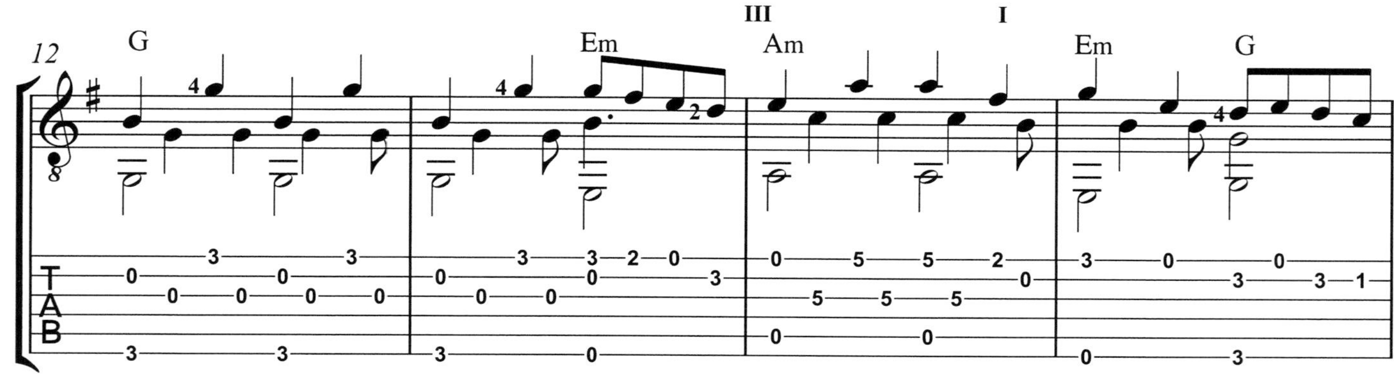

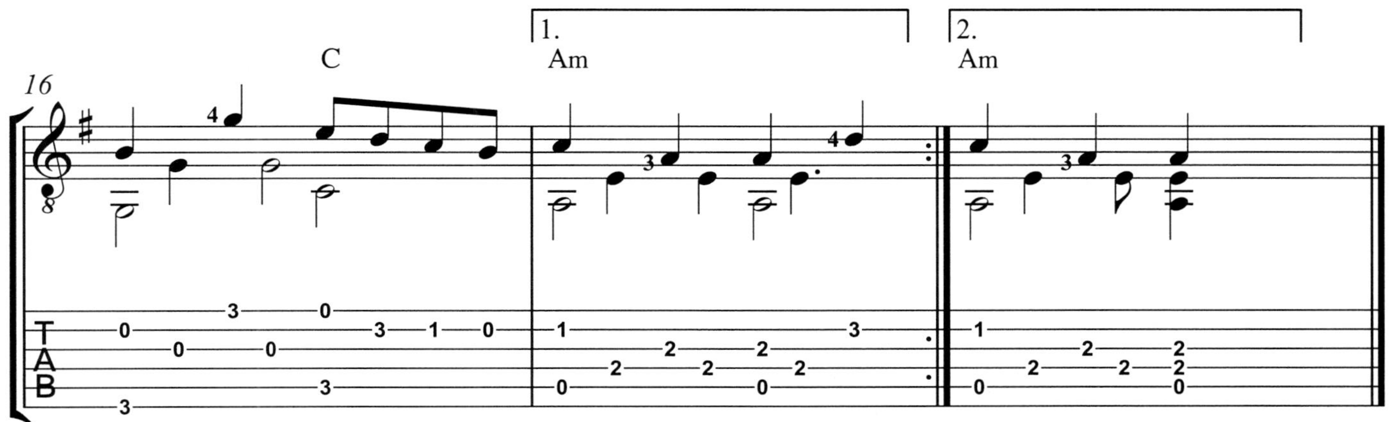


### 1. Begleitrhythmus:

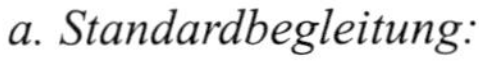


*b. Variation Standardbegleitung:*

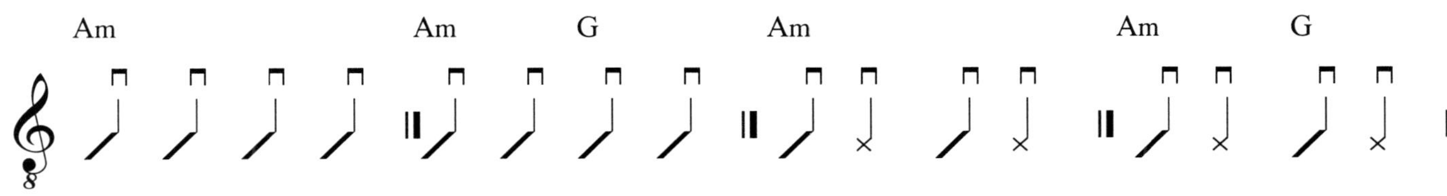


### 2. Folkpicking:

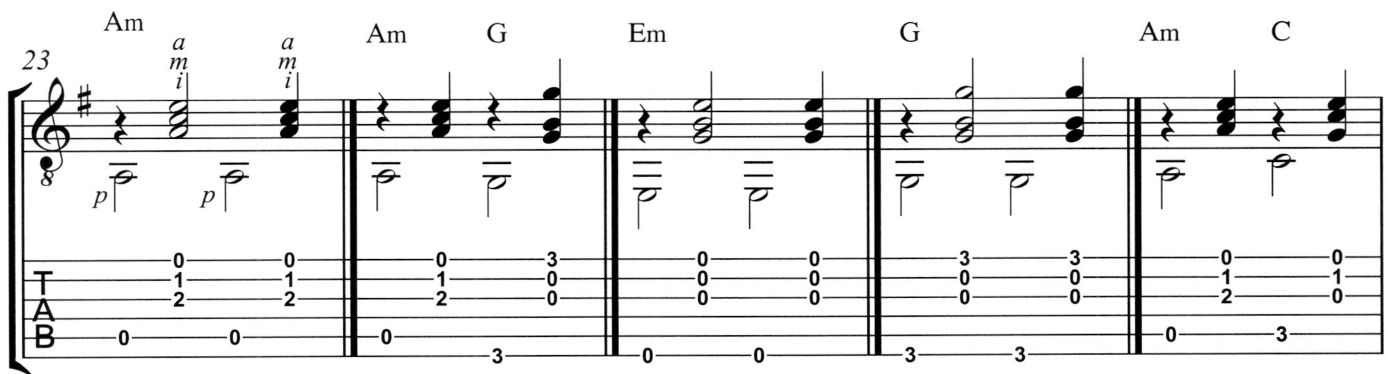


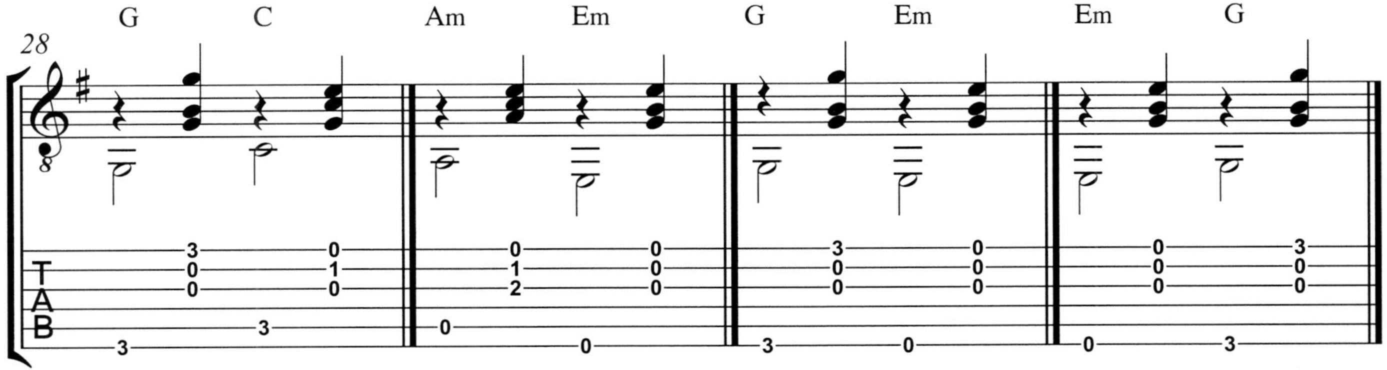

# 28. Padraig O'Keeffe's Polka

(Polka)

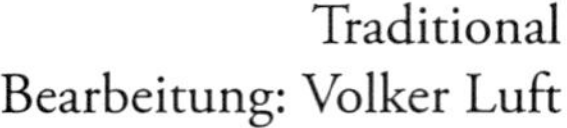


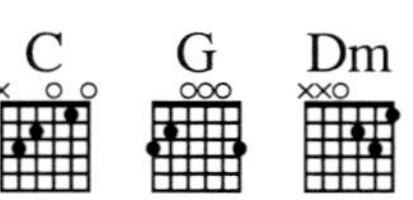


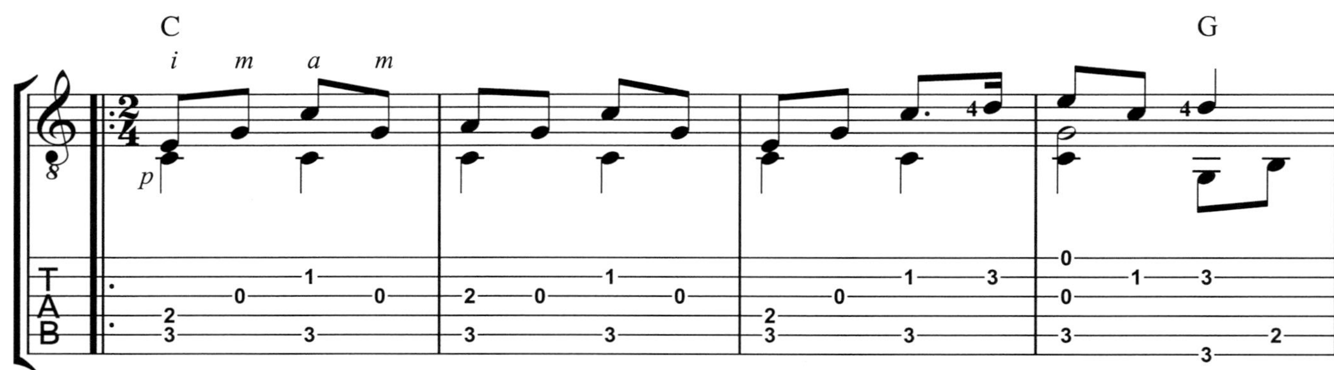


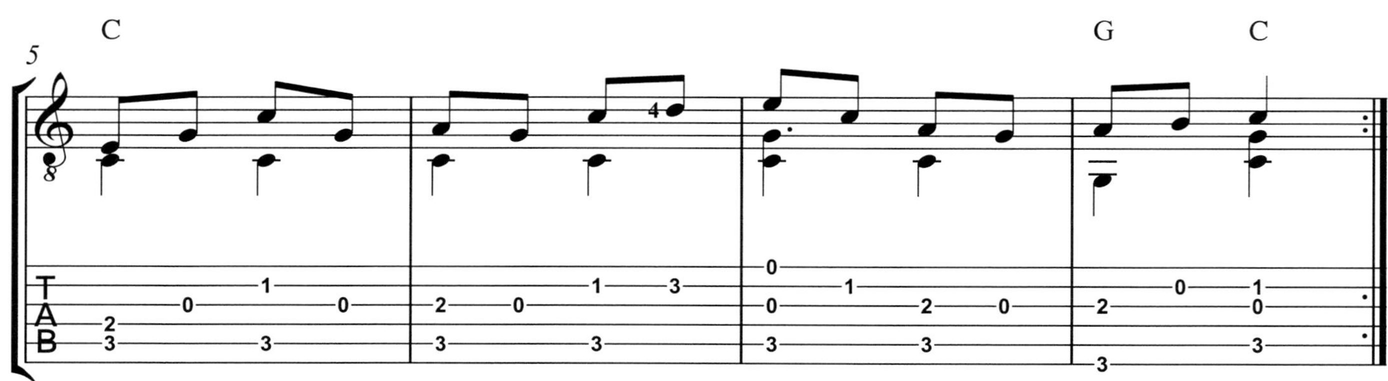


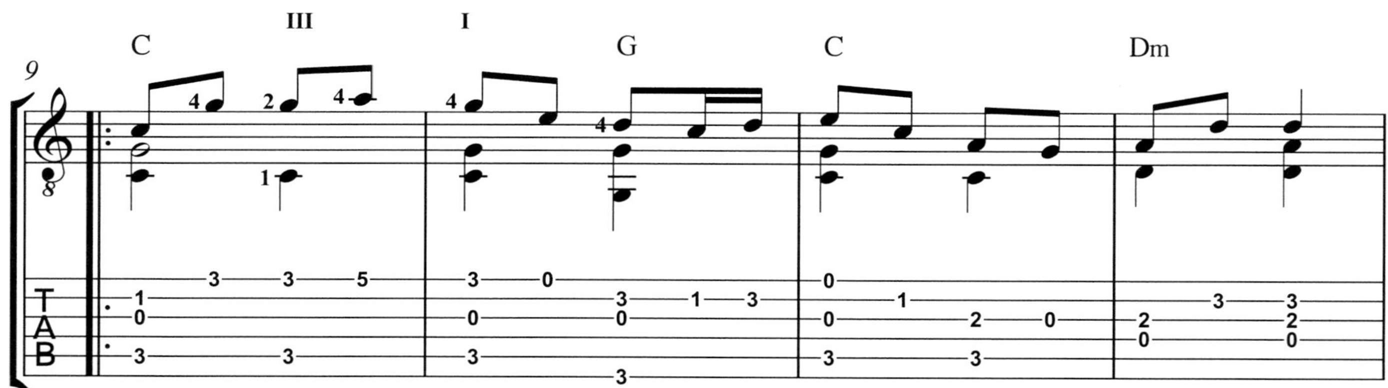


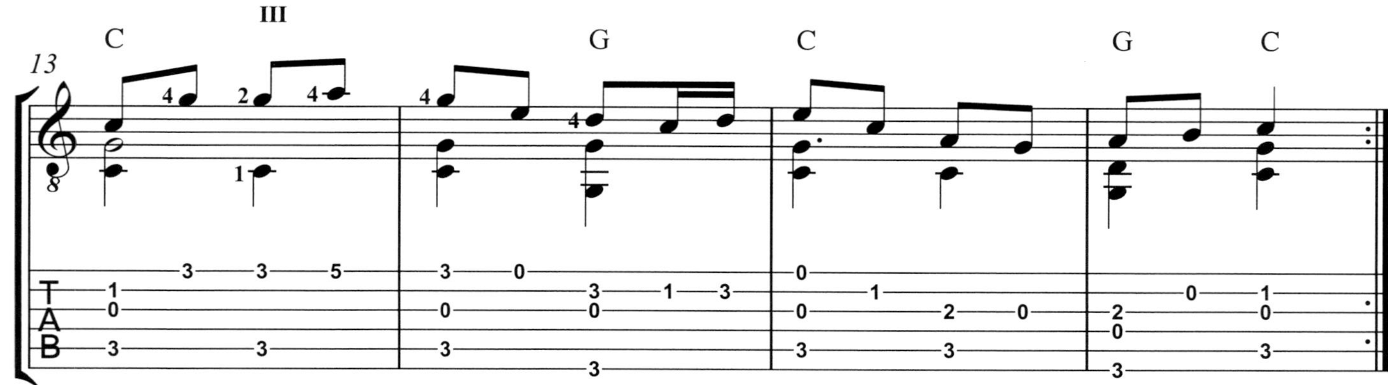

### 1. Begleitrhythmus:

*a. Standardbegleitung:*

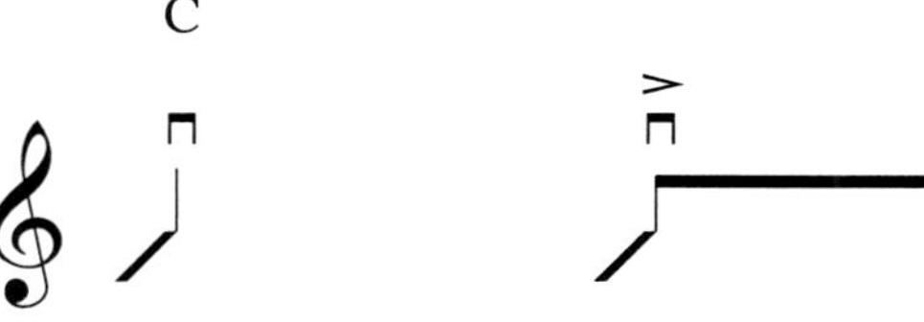


*b. halbtaktiger Akkordwechsel:*

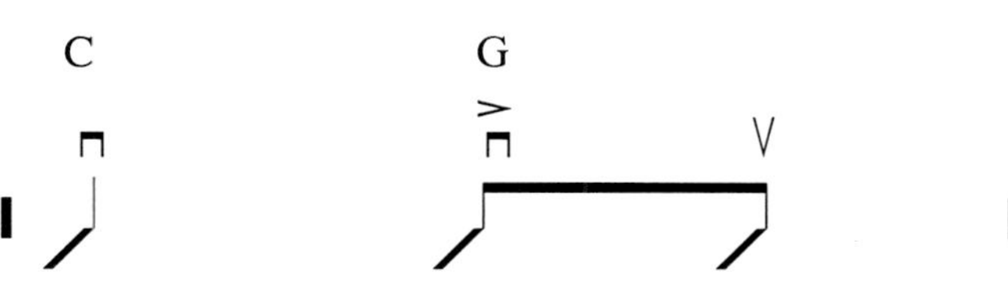


### 2. Folkpicking:

*a. Standardbegleitung:*

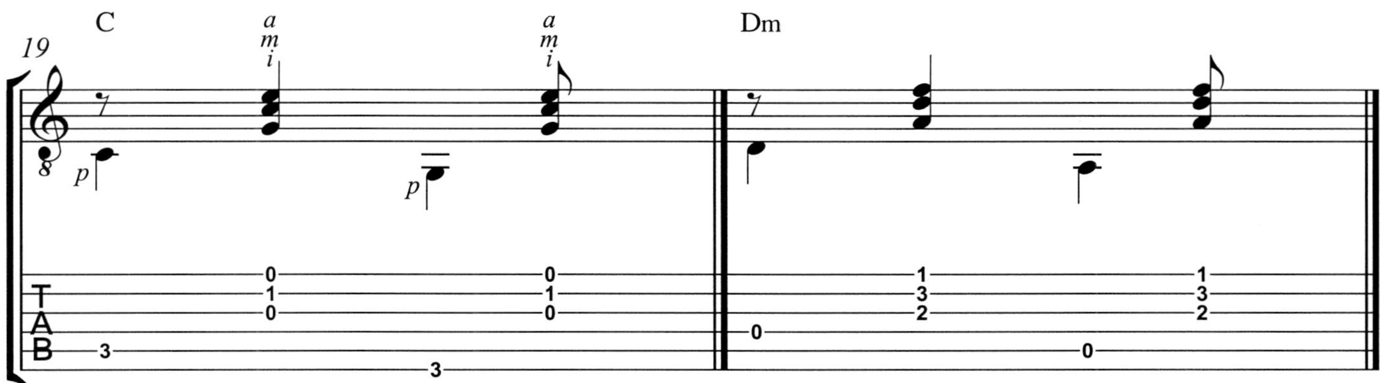


*b. halbtaktiger Akkordwechsel:*

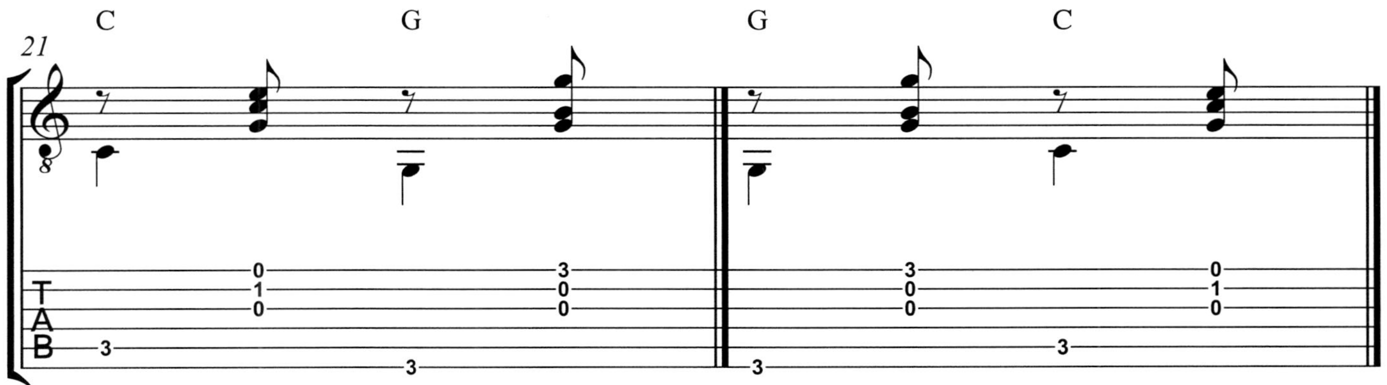

# 29. Farewell to Wiskey

(Polka)

Traditional
Bearbeitung: Volker Luft

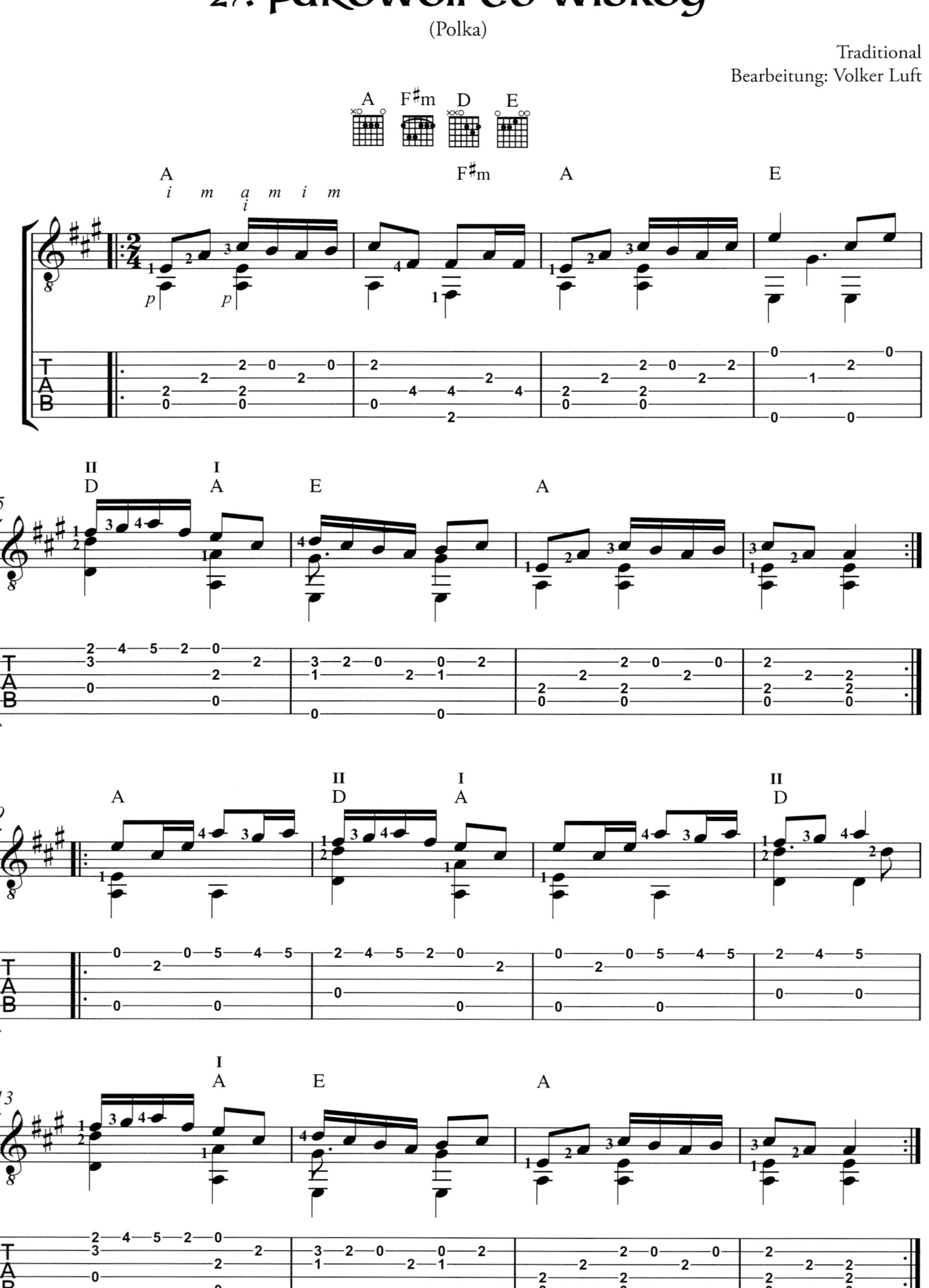

## 1. Begleitrhythmus:

*a. Standardbegleitung:*

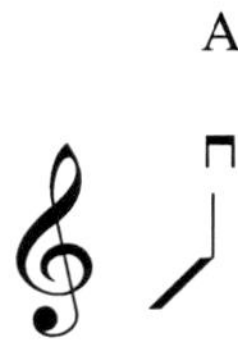
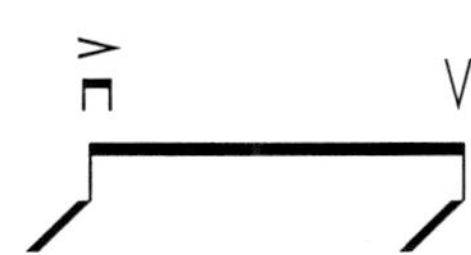


*b. halbtaktiger Akkordwechsel:*

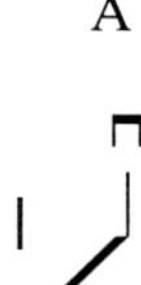
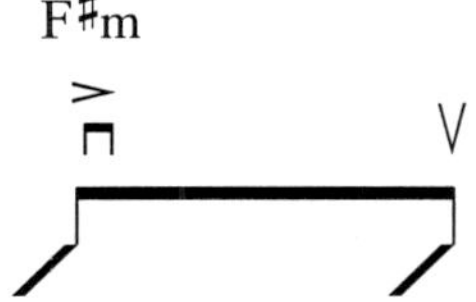


## 2. Folkpicking:

*a. Standardbegleitung:*

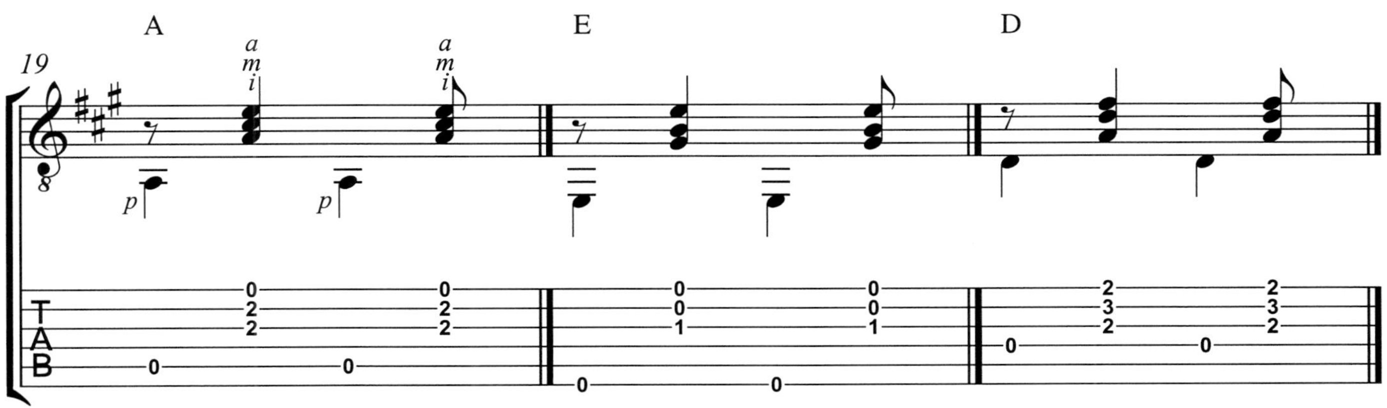


*b. halbtaktiger Akkordwechsel:*

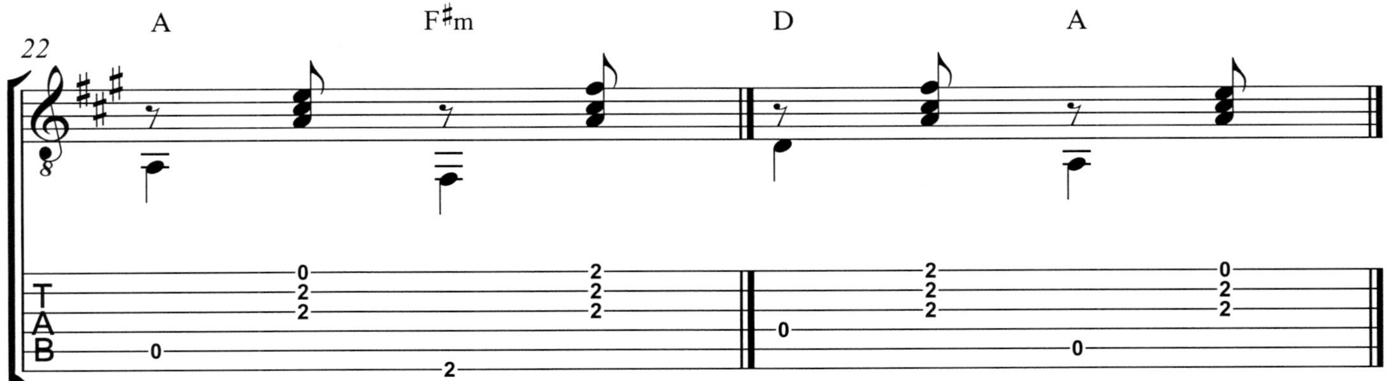

# 30. Knockabout Polka

(Polka)

Traditional
Bearbeitung: Volker Luft

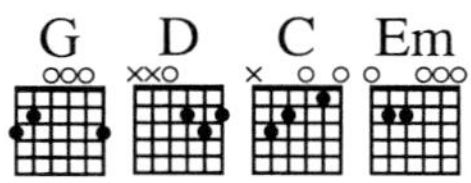


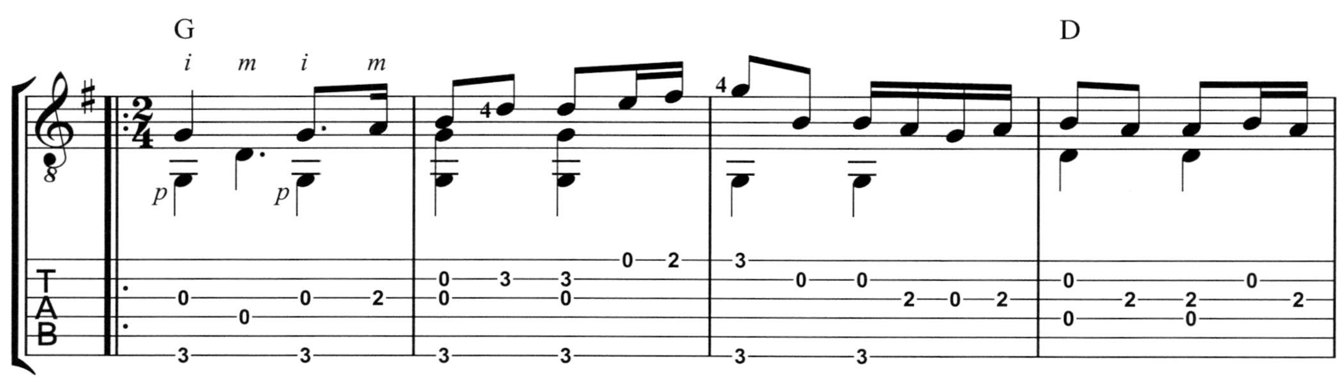


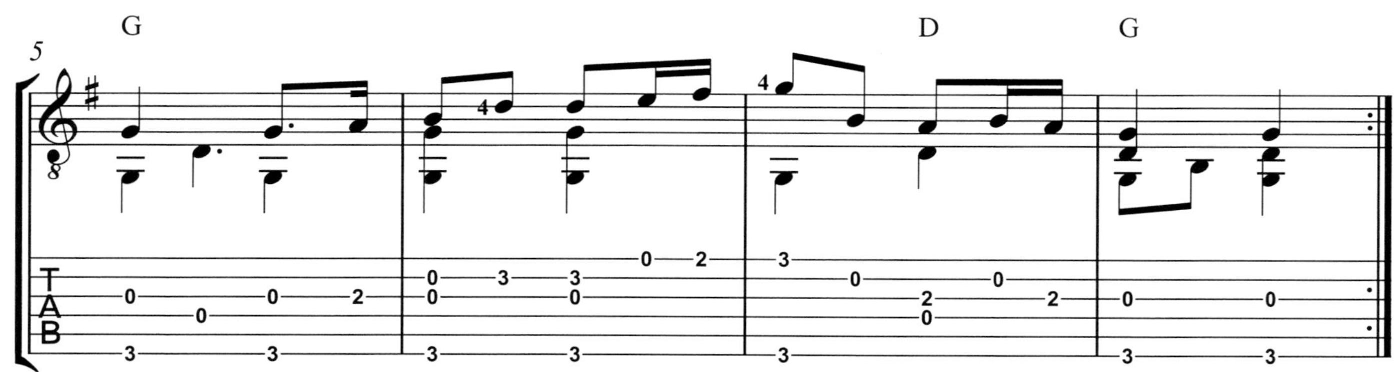


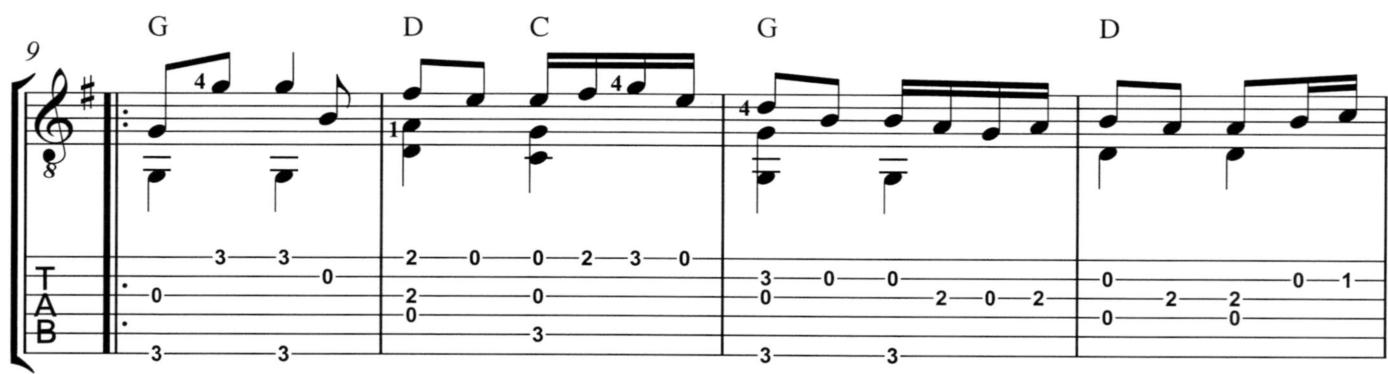


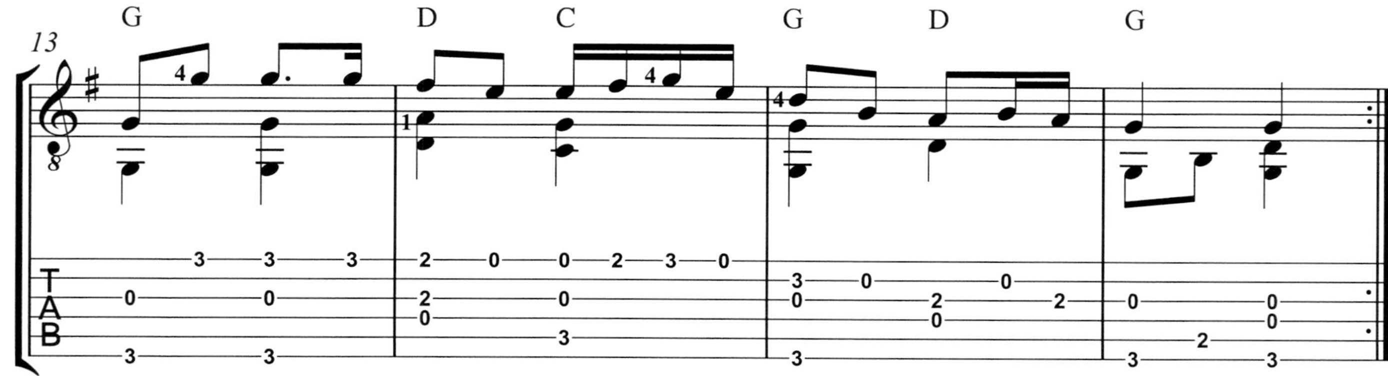


 

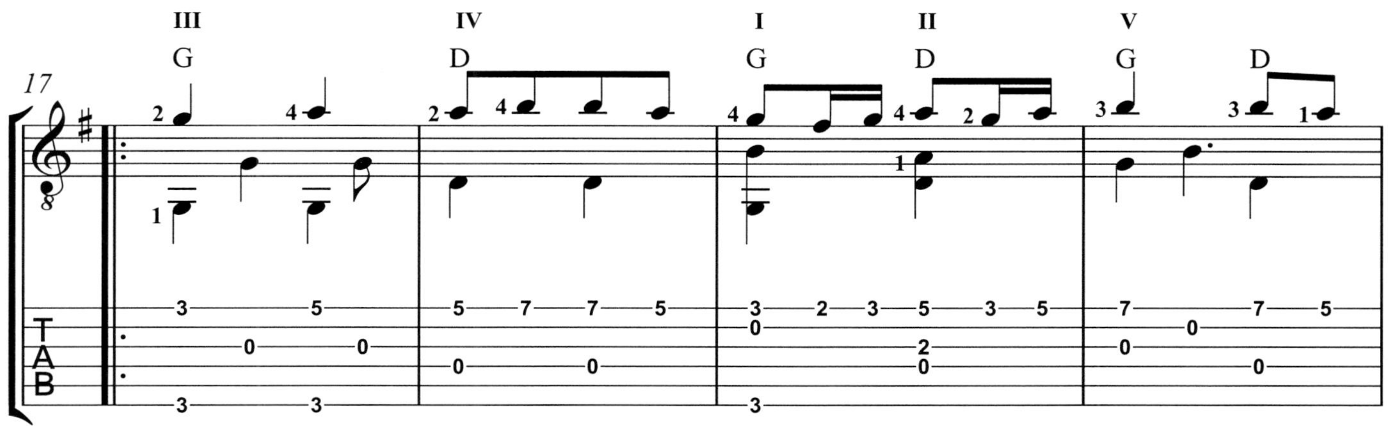


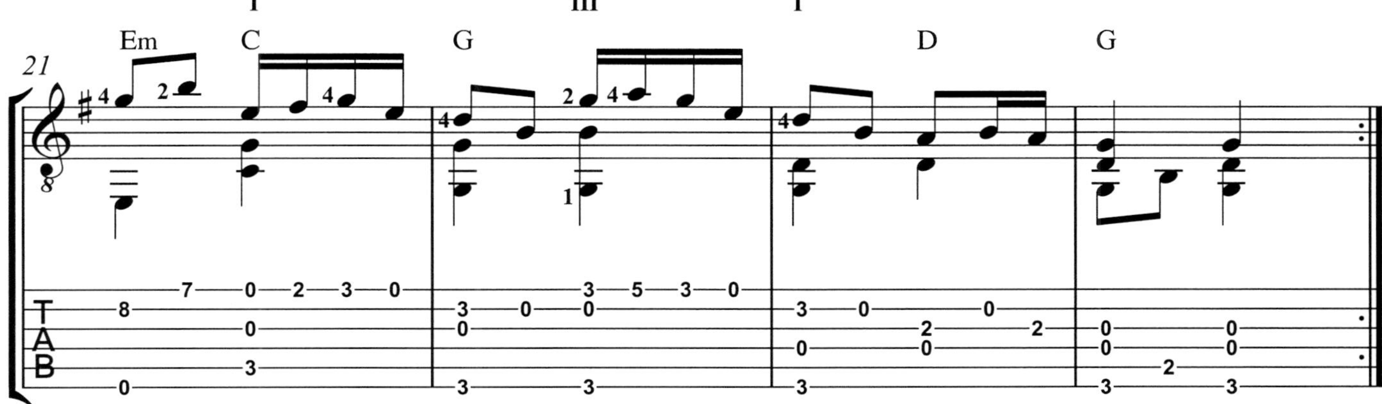


### 1. Begleitrhythmus:

*a. Standardbegleitung:*

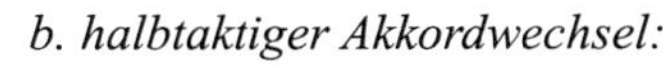

*b. halbtaktiger Akkordwechsel:*

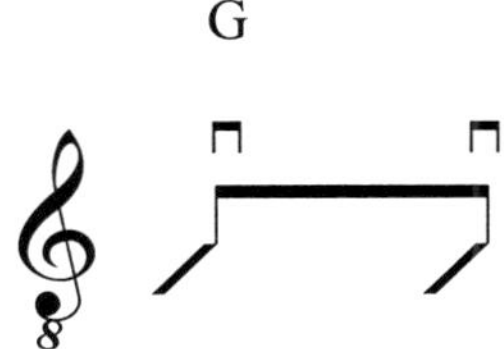


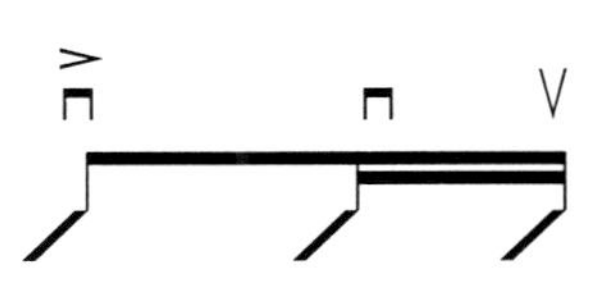

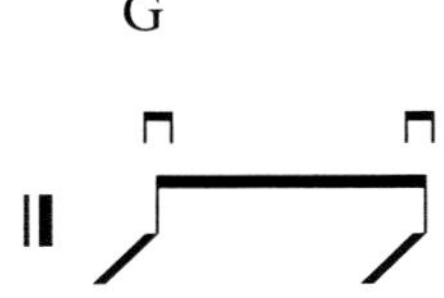


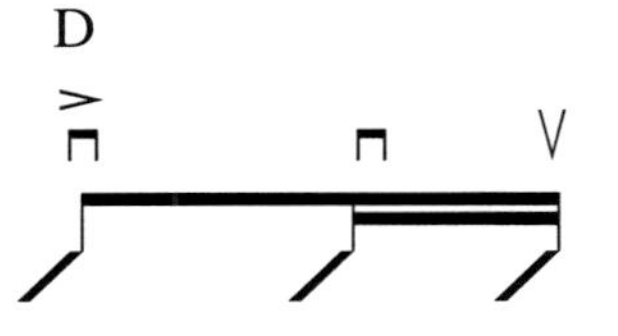


### 2. Folkpicking:

*a. Standardbegleitung:*

*b. halbtaktiger Akkordwechsel:*

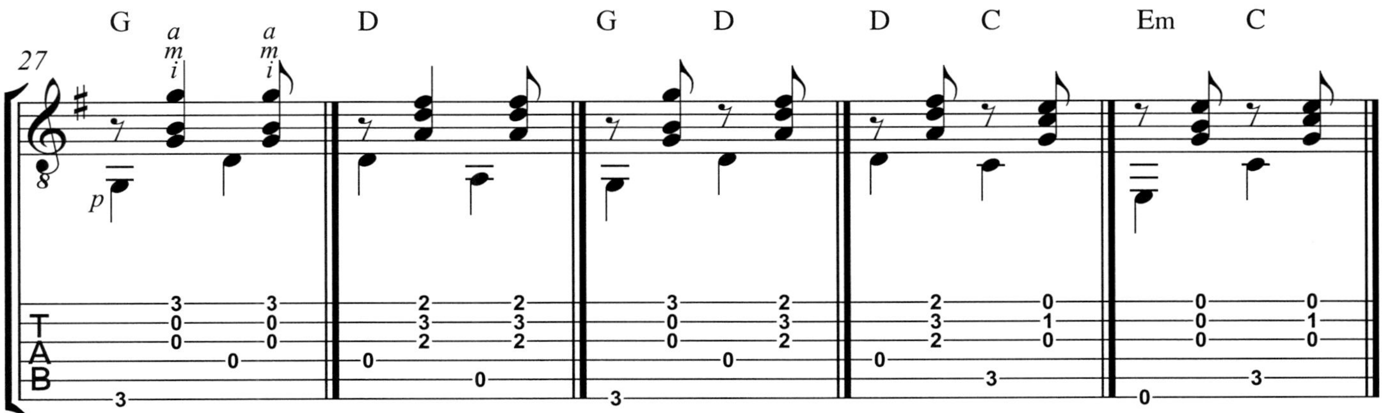


 

# 31. Bonnie Tammie Scolla

(Scottish Folksong)

Traditional
Bearbeitung: Volker Luft

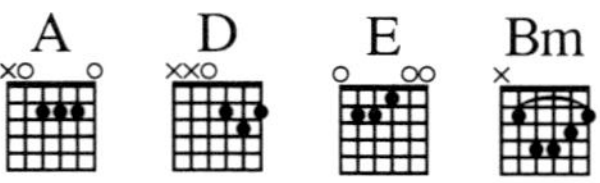


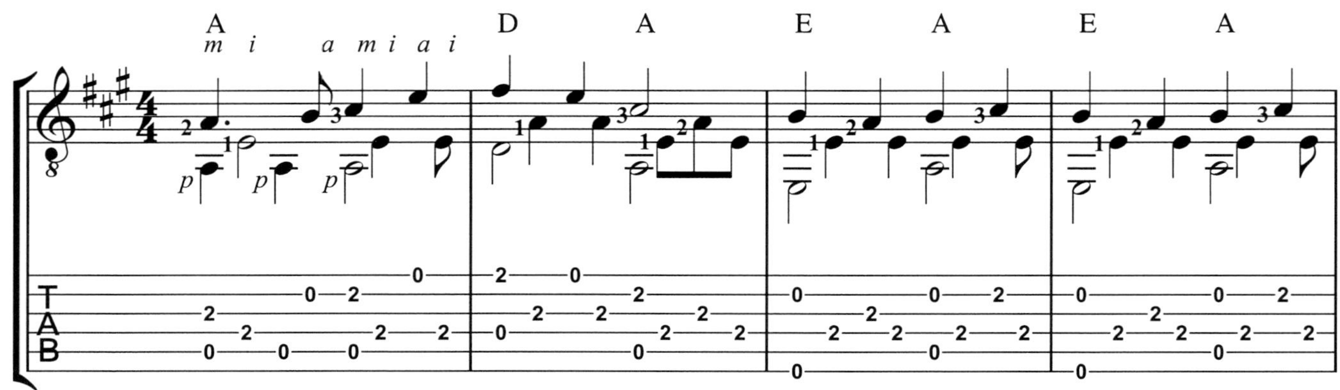


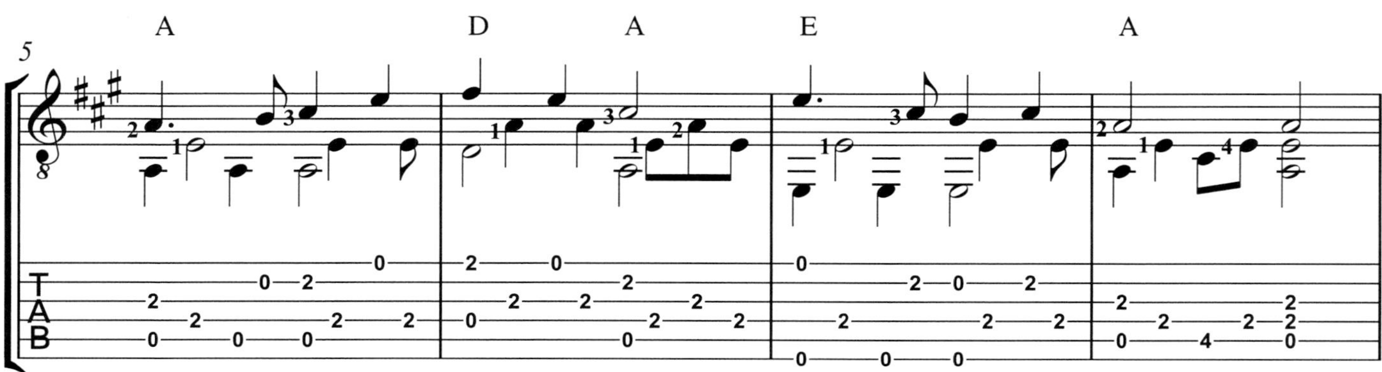


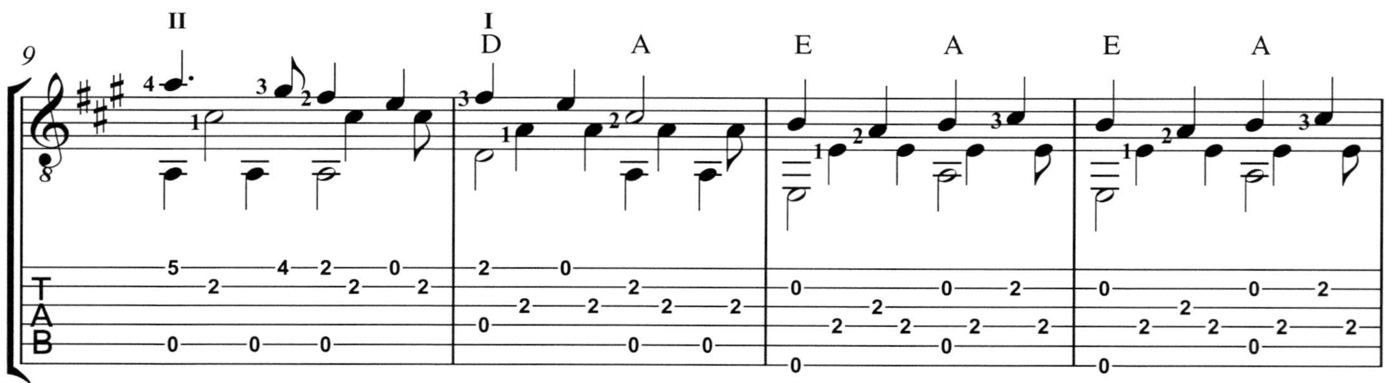


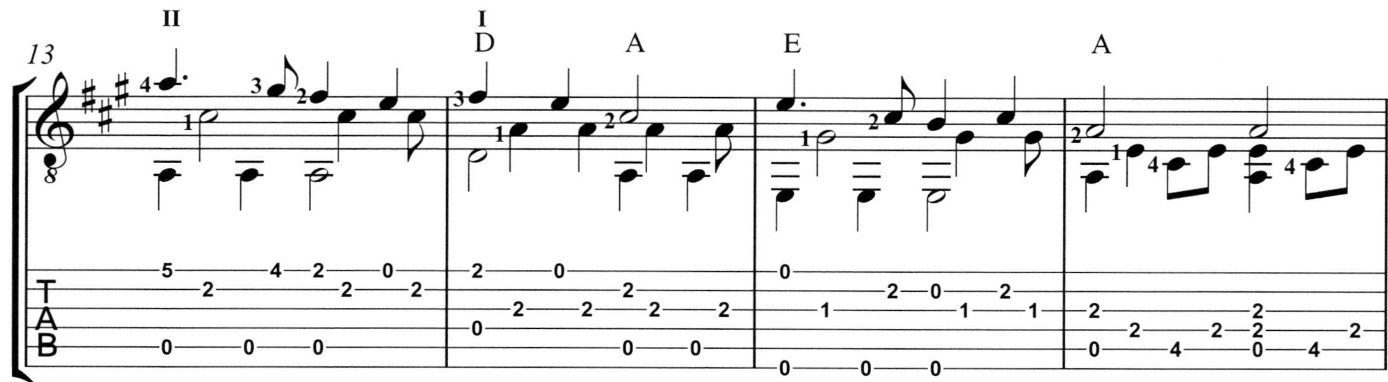

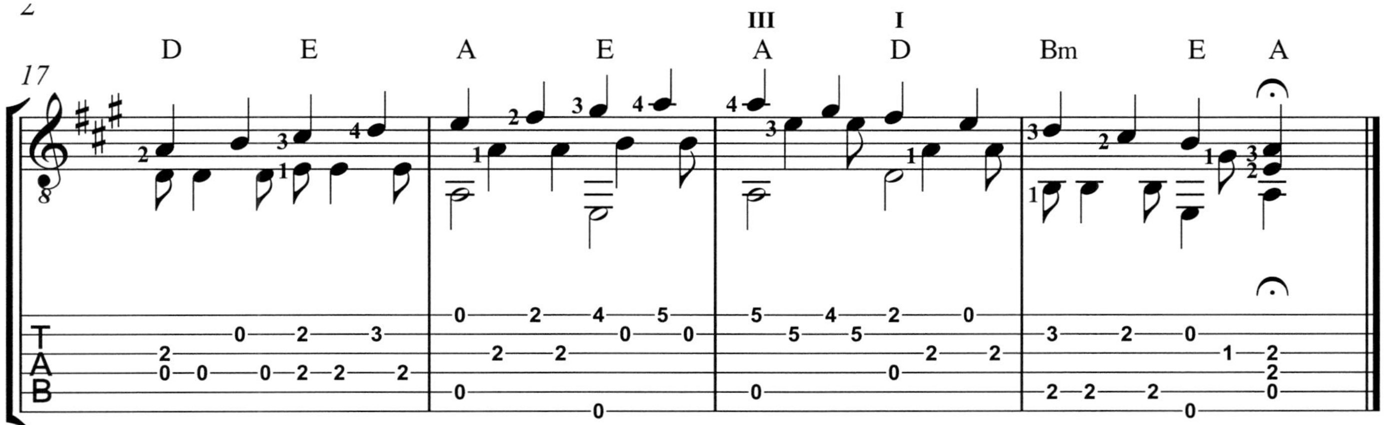


**1. Begleitrhythmus:**

*a. Standardbegleitung:* *b. zwei Akkordwechsel:* *c. drei Akkordwechsel:*

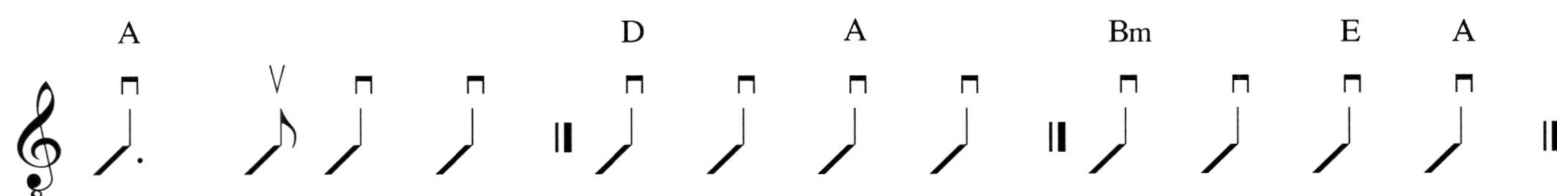


**2. Folkpicking:**

*a. Standardbegleitung:* *b. zwei Akkordwechsel:* *c. drei Akkordwechsel:*

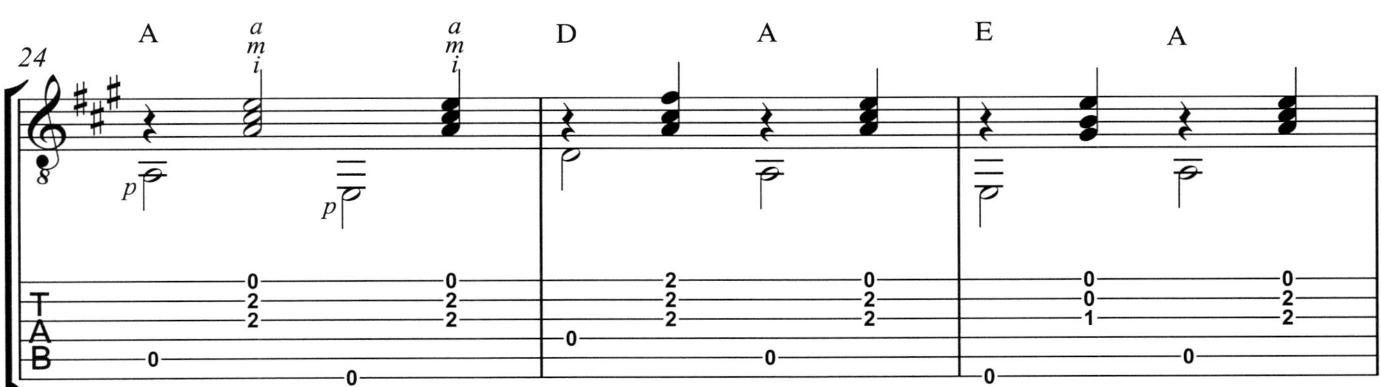


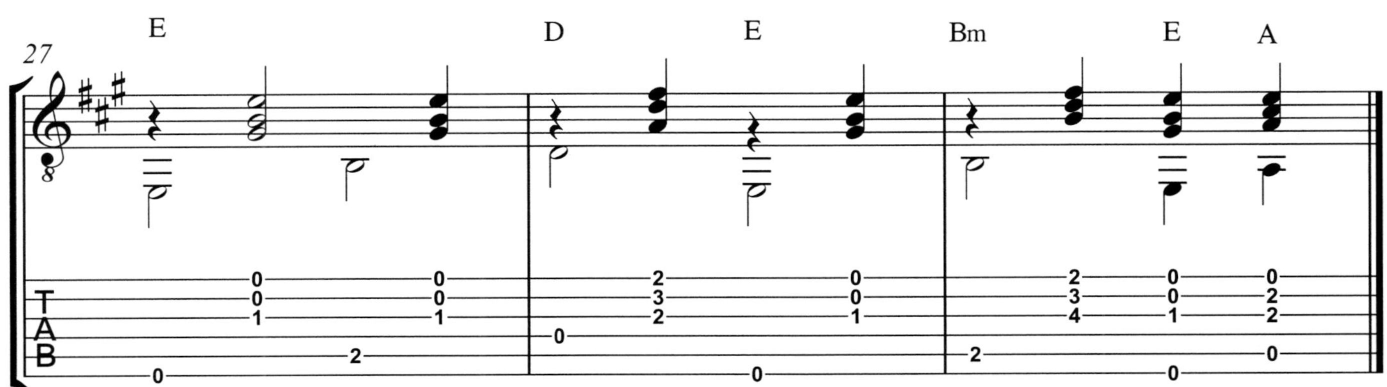

# 32. baa baa black sheep

(Folksong)

Traditional
Bearbeitung: Volker Luft

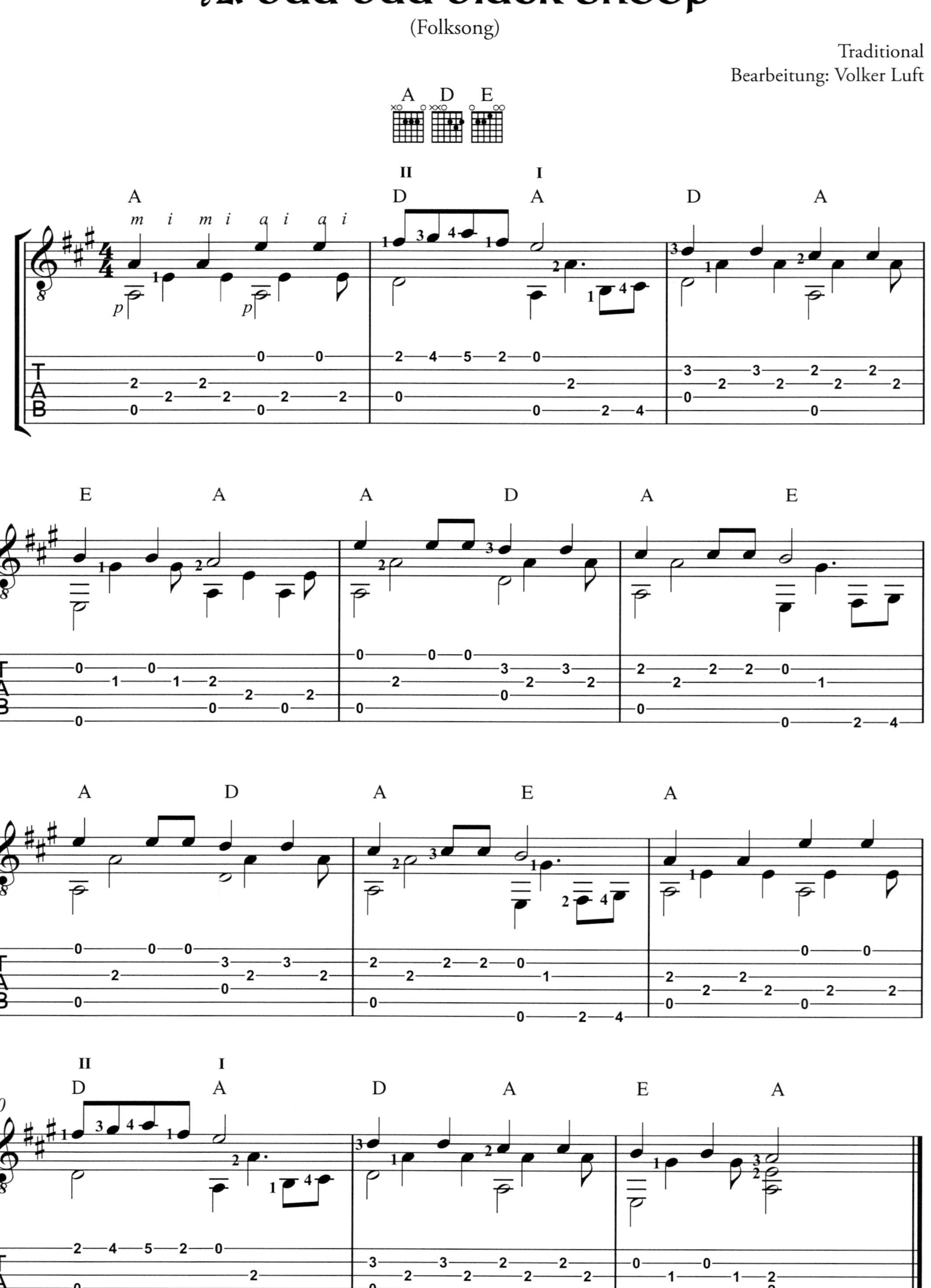

### *1. Begleitrhythmus:*

*a. Standardbegleitung:* *b. zwei Akkordwechsel:*

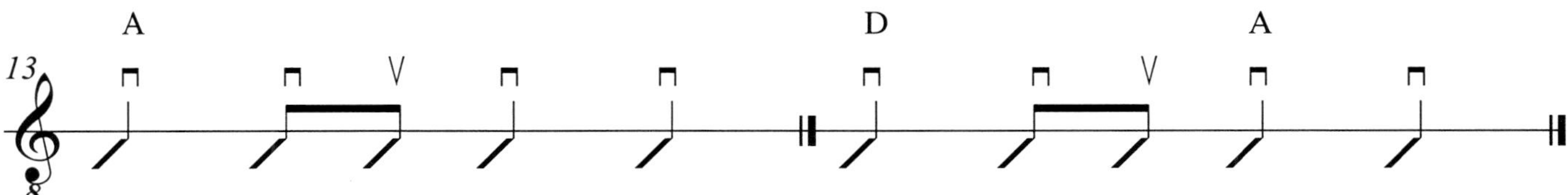


*c. Variation Standardbegleitung:* *d. zwei Akkordwechsel:*

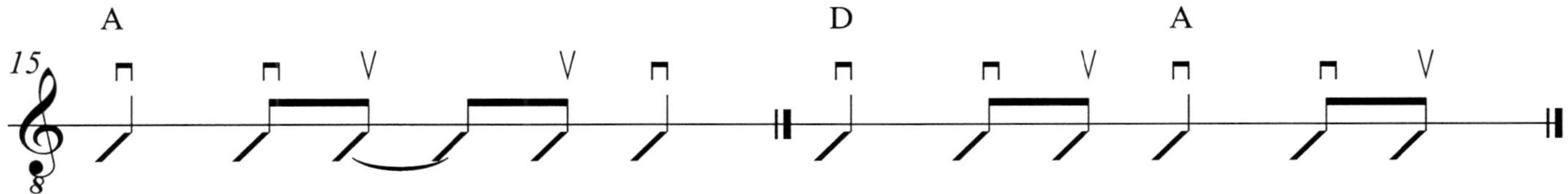


### *2. Folkpicking:*

*a. Standardbegleitung:* *b. zwei Akkordwechsel:*

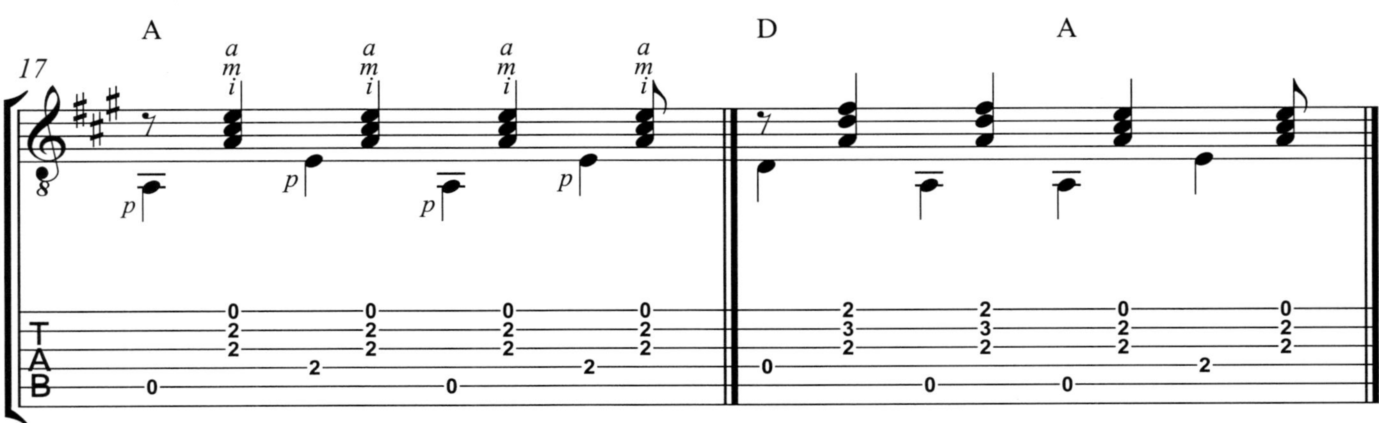


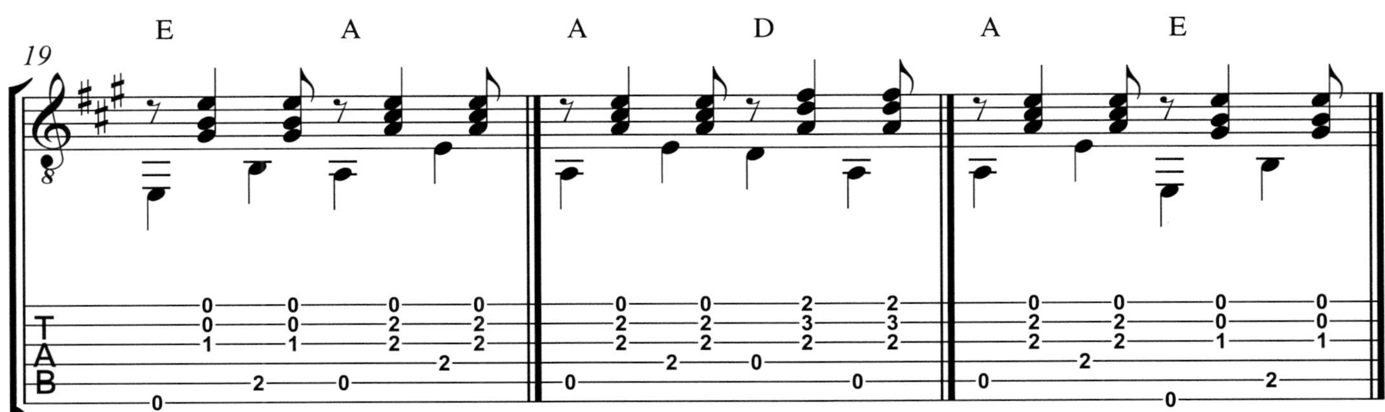

# 33. A Red, Red Rose

(Scottish Folksong)

Traditional
Bearbeitung: Volker Luft

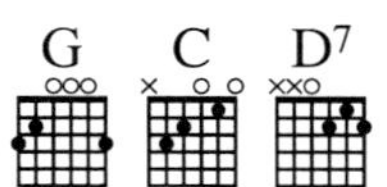


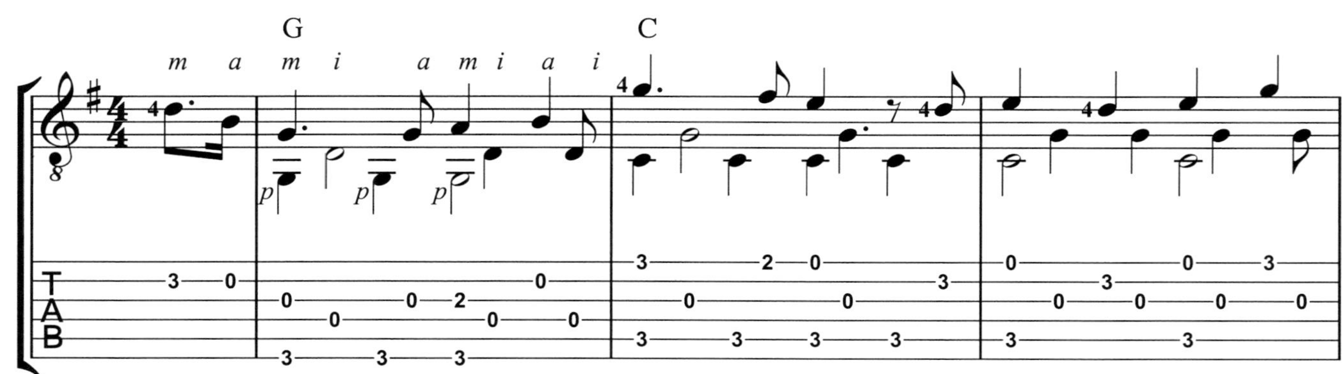


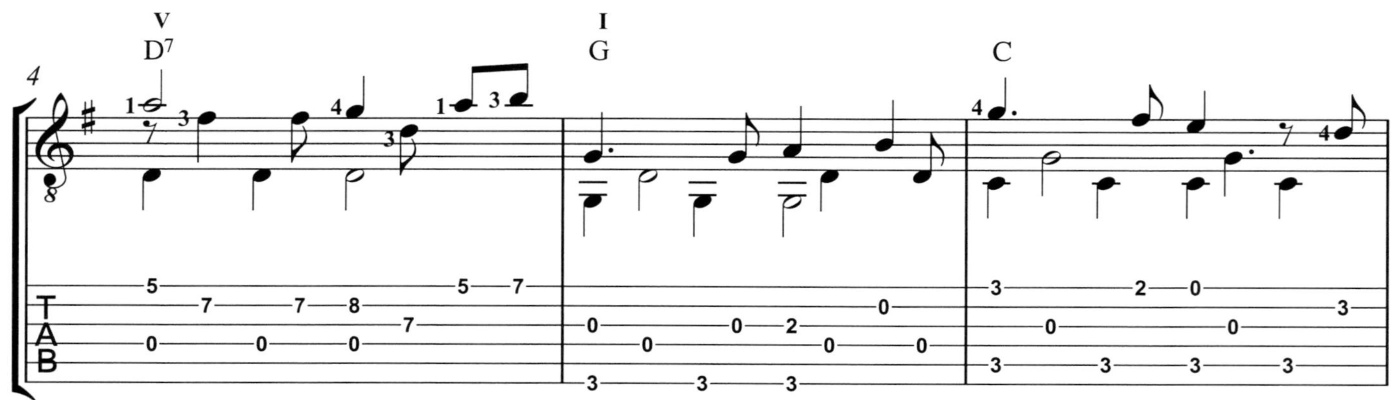


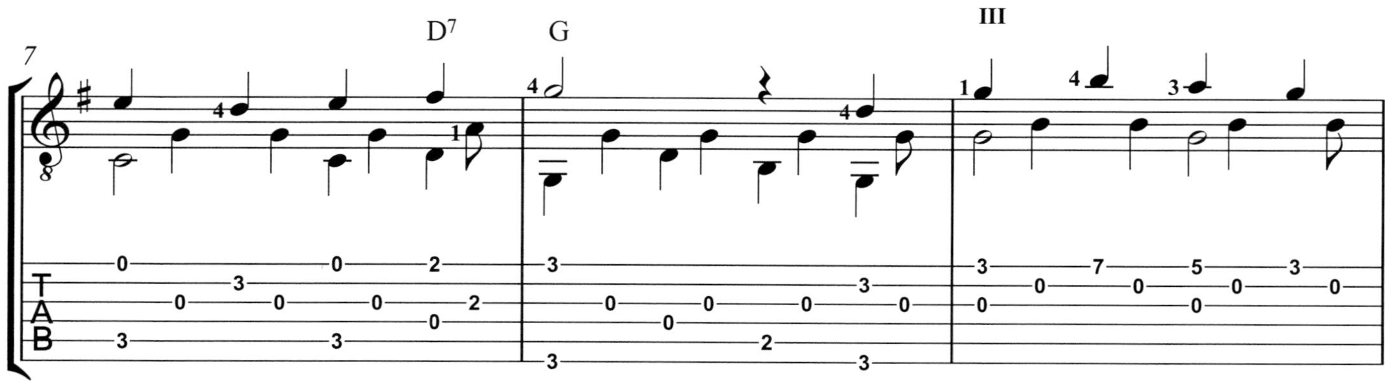


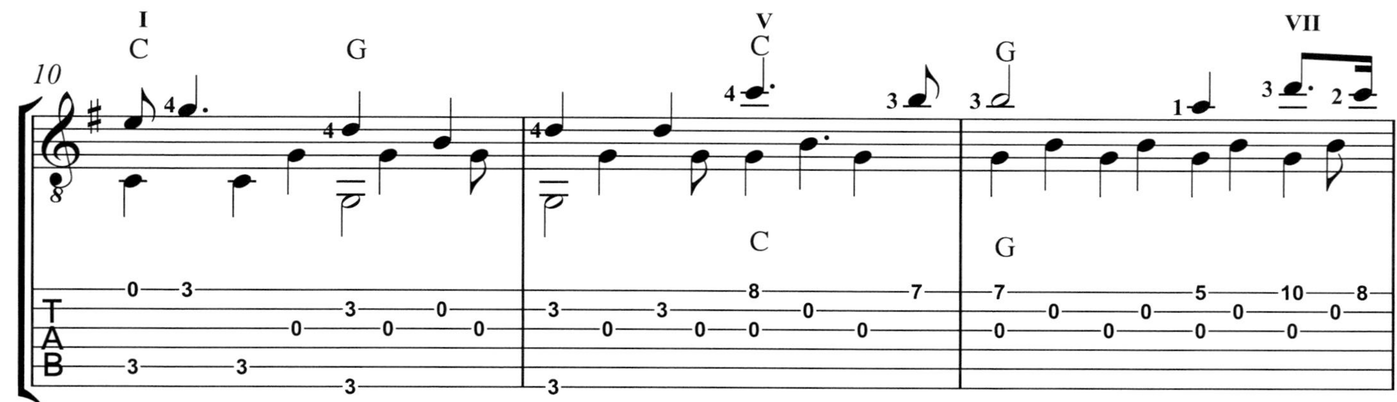

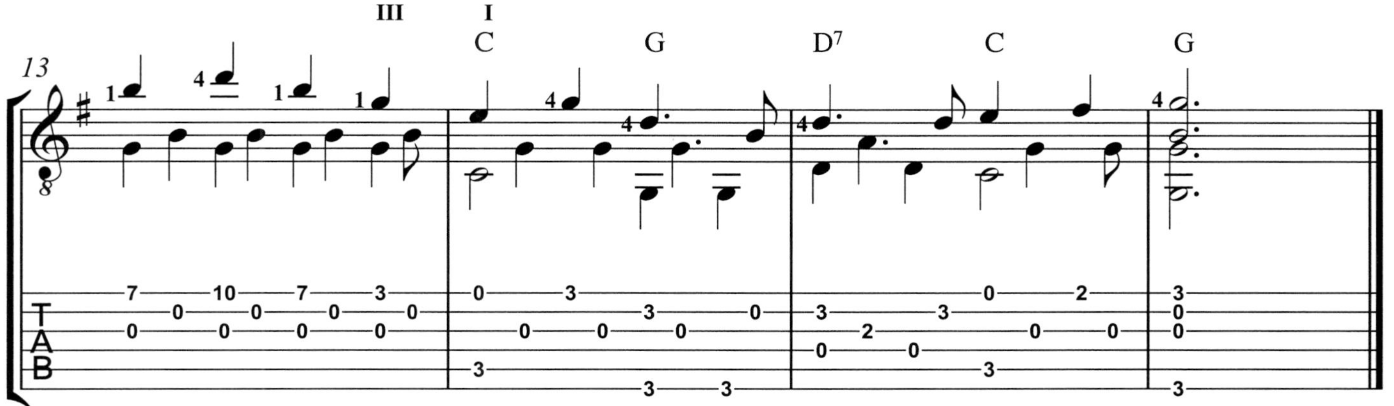


## 1. Begleitrhythmus:

*a. Standardbegleitung:*

*b. halbtaktiger Akkordwechsel:*

*c. Akkordwechsel auf vier:*

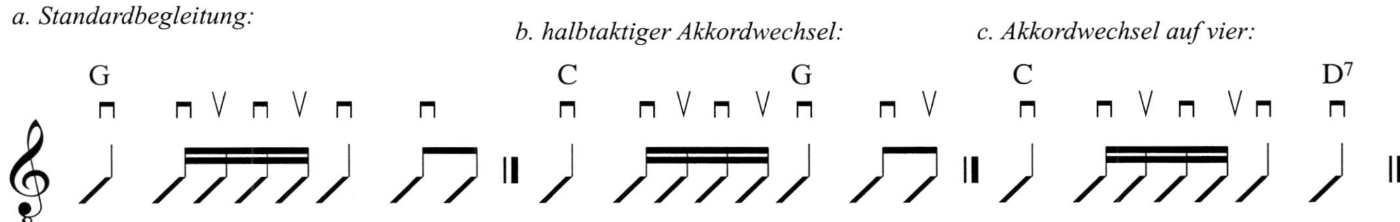


## 2. Folkpicking:

*a. Standardbegleitung:*

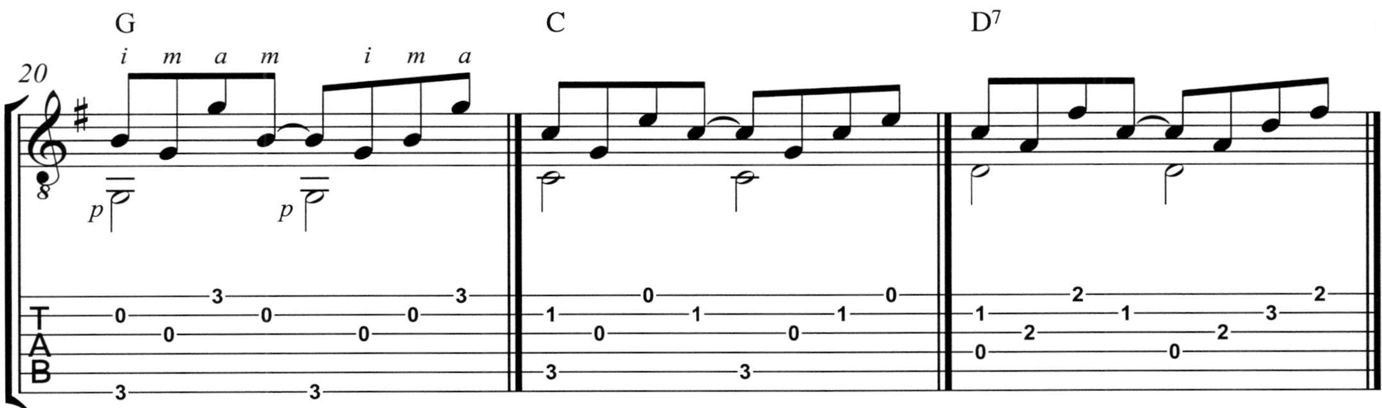


*b. halbtaktiger Akkordwechsel:*

*c. Akkordwechsel auf vier:*

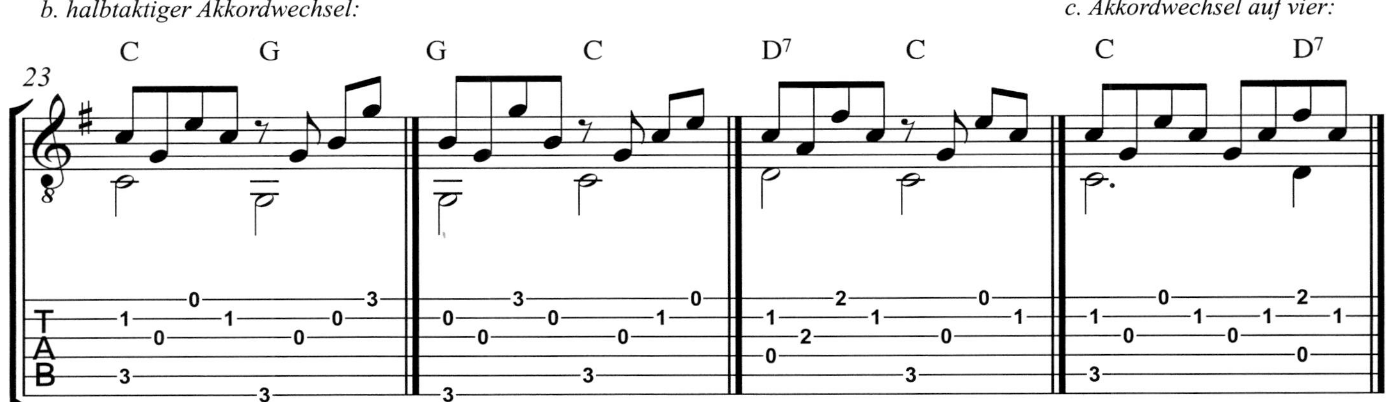

# 34. Sheebeg and Sheemore

(O'Carolan Tune)

Turlough O'Carolan (1670—1738)
Bearbeitung: Volker Luft

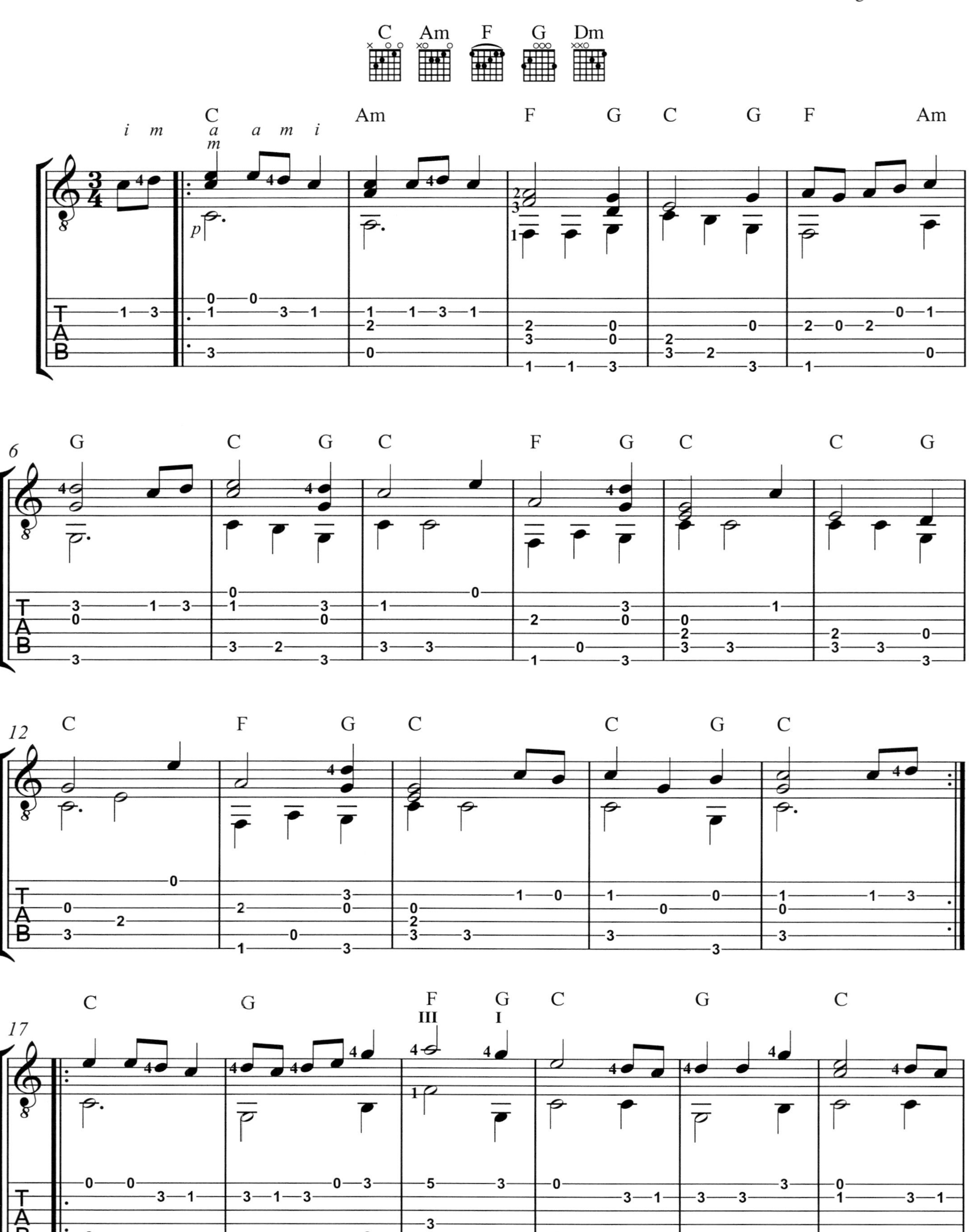

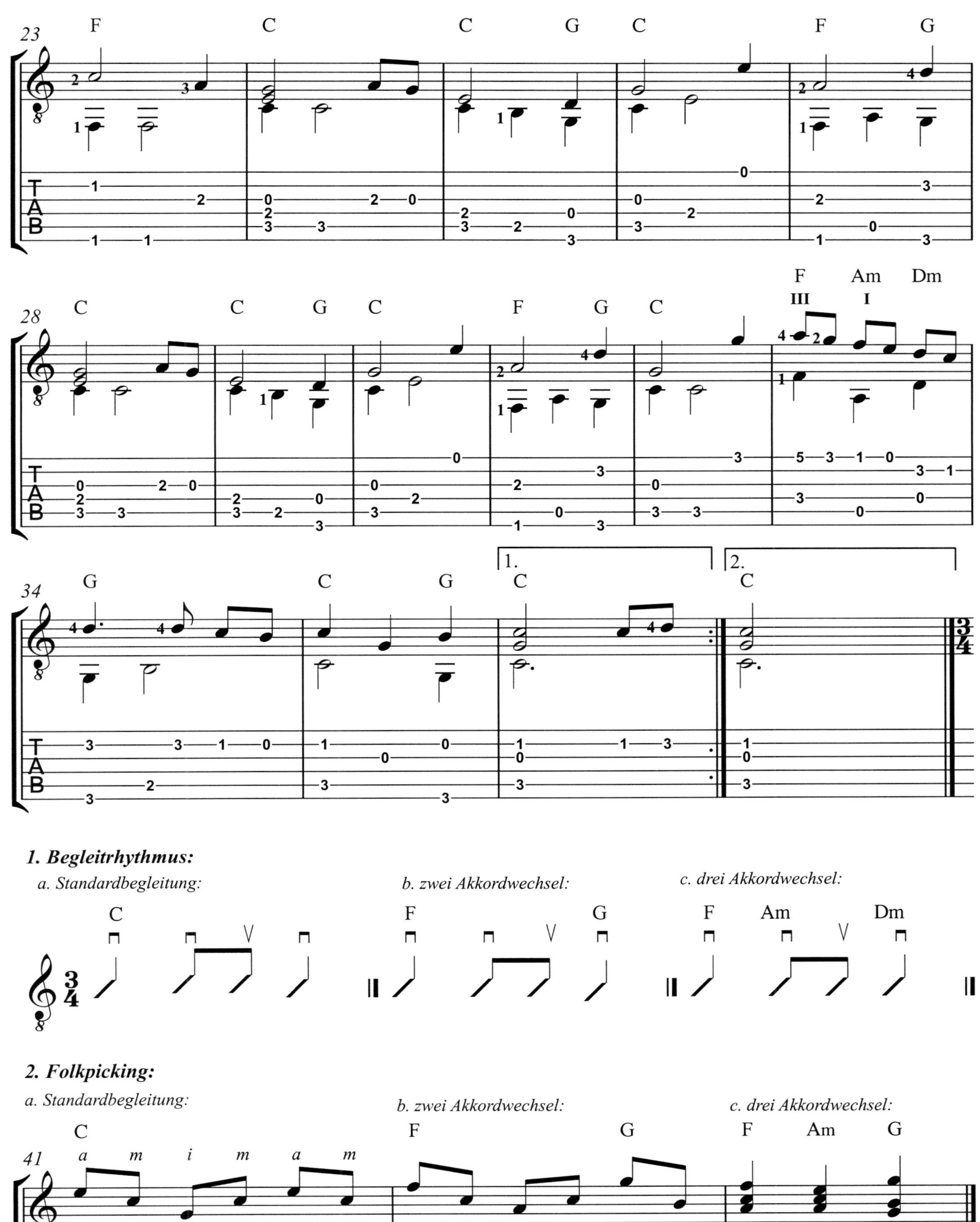


### 1. Begleitrhythmus:

*a. Standardbegleitung:*

*b. zwei Akkordwechsel:*

*c. drei Akkordwechsel:*

### 2. Folkpicking:

*a. Standardbegleitung:*

*b. zwei Akkordwechsel:*

*c. drei Akkordwechsel:*

# 35. all alive

(O'Carolan Tune)

Turlough O'Carolan (1670—1738)
Bearbeitung: Volker Luft

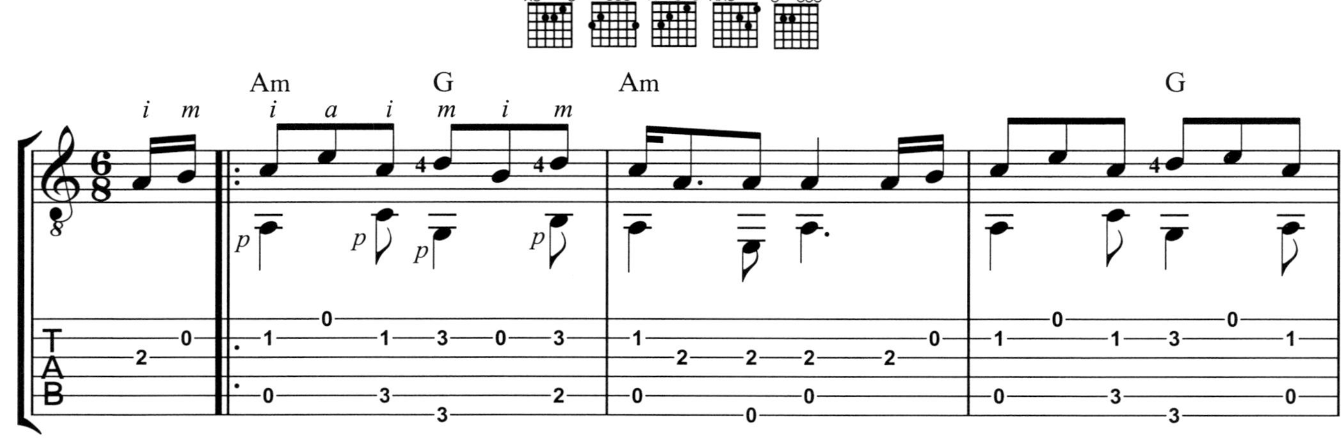


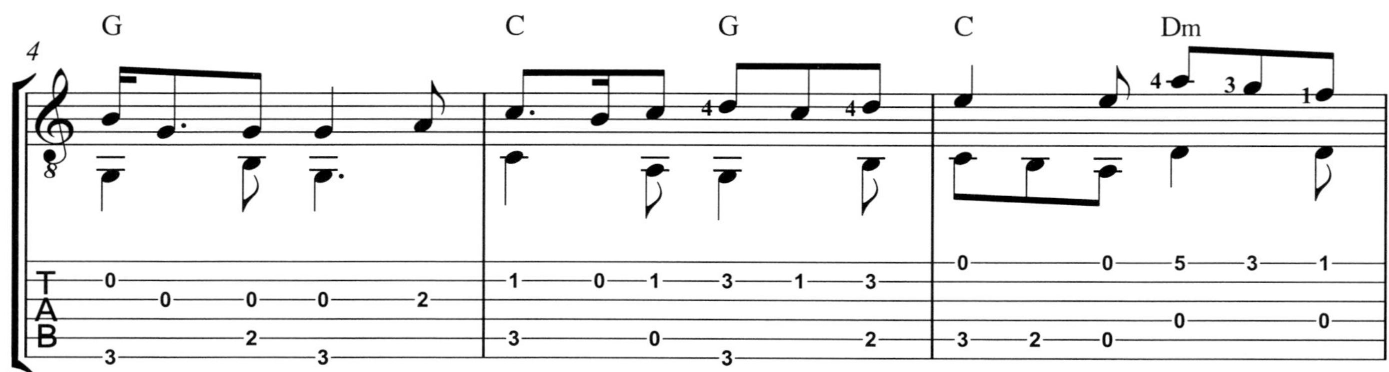


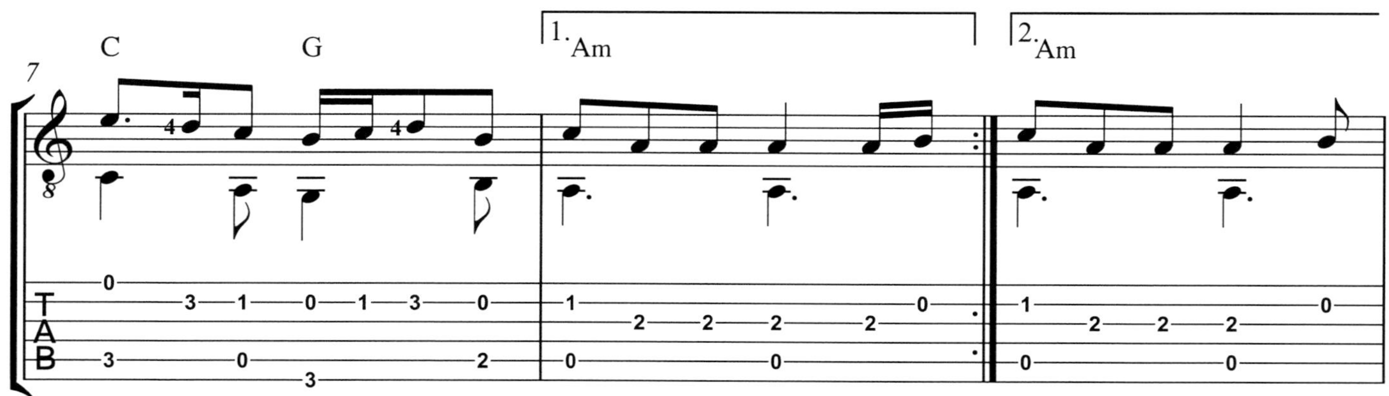


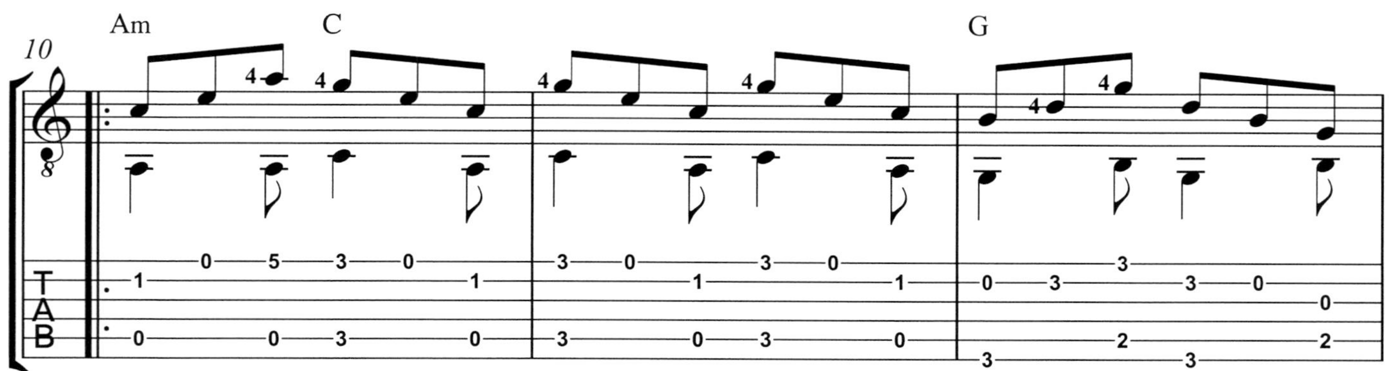

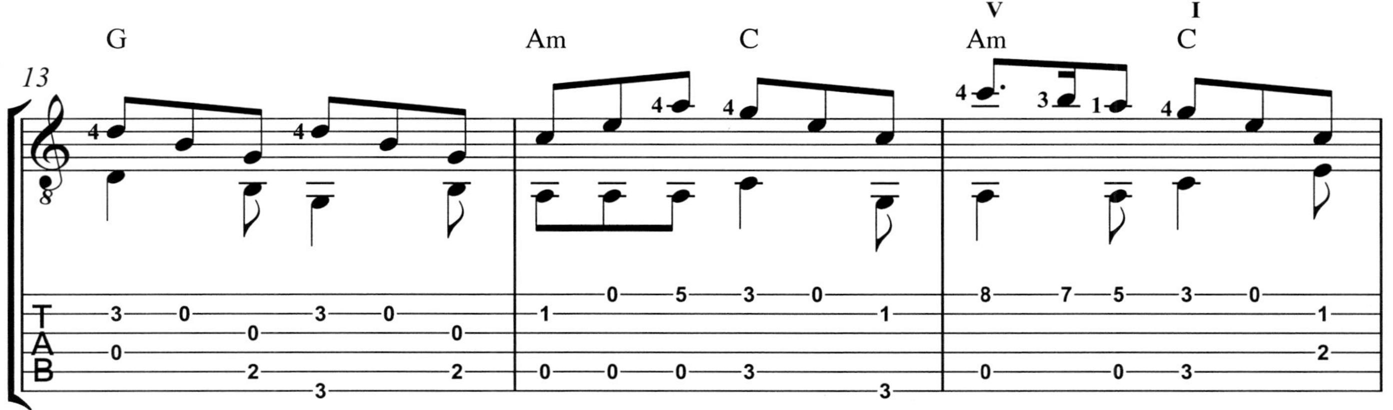


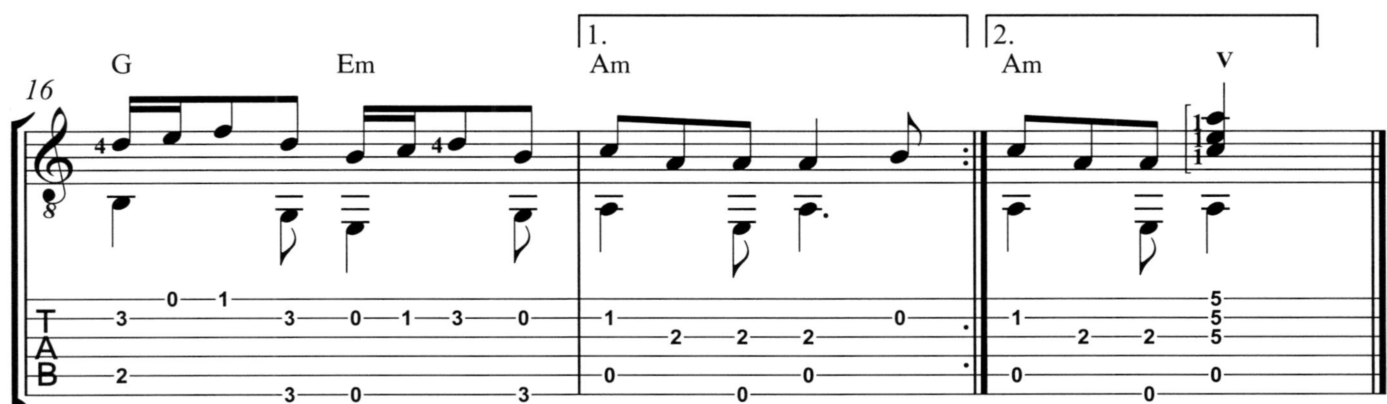


### 1. Begleitrhythmus:

*a. Standardbegleitung:*

*b. halbtaktiger Akkordwechsel:*

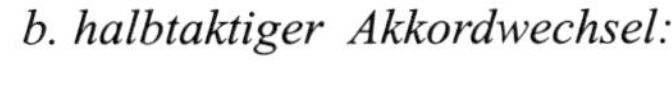

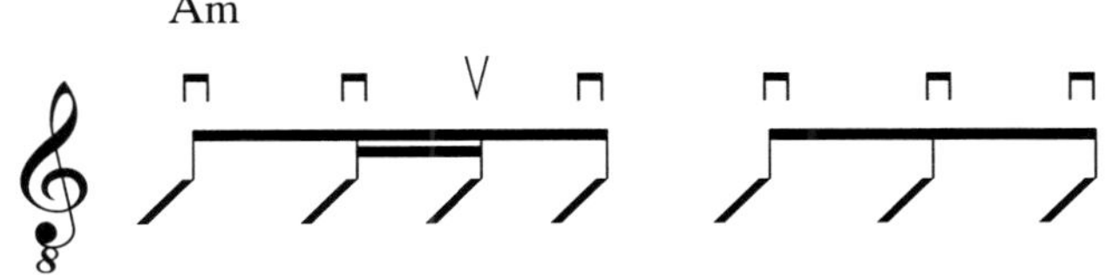


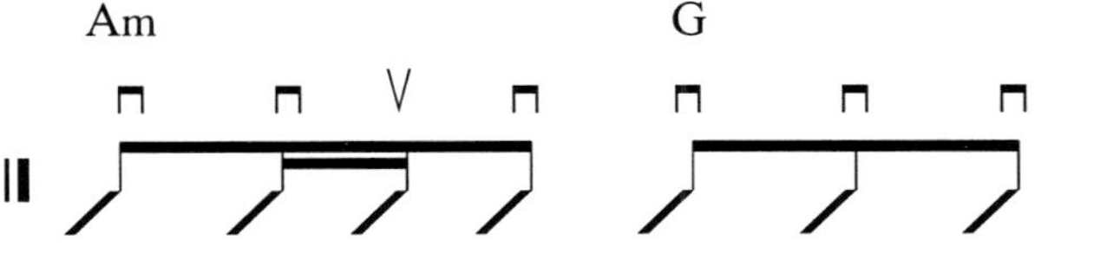


### 2. Folkpicking:

*a. Standardbegleitung:*

*b. halbtaktiger Akkordwechsel:*

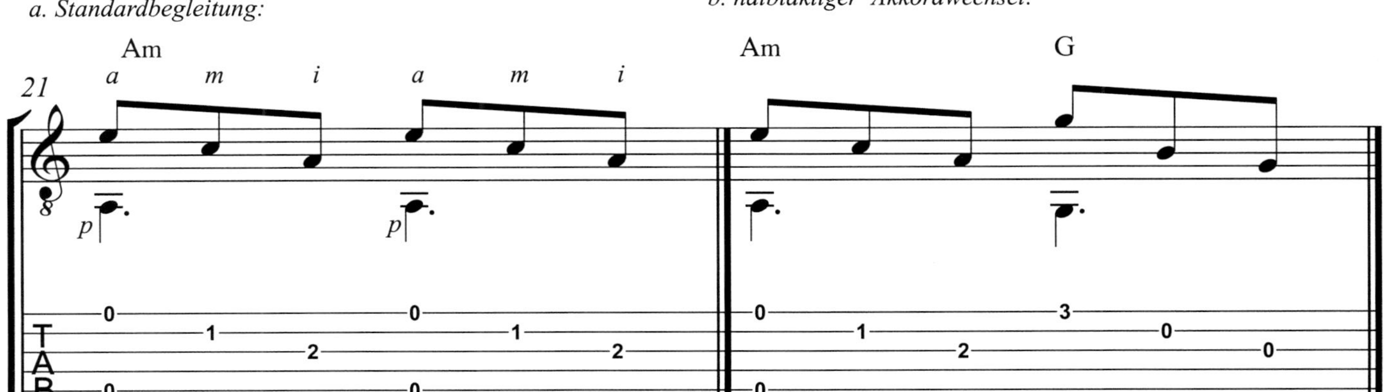

# 36. Carolan's Dream

(O'Carolan Tune)

Turlough O'Carolan (1670—1738)
Bearbeitung: Volker Luft

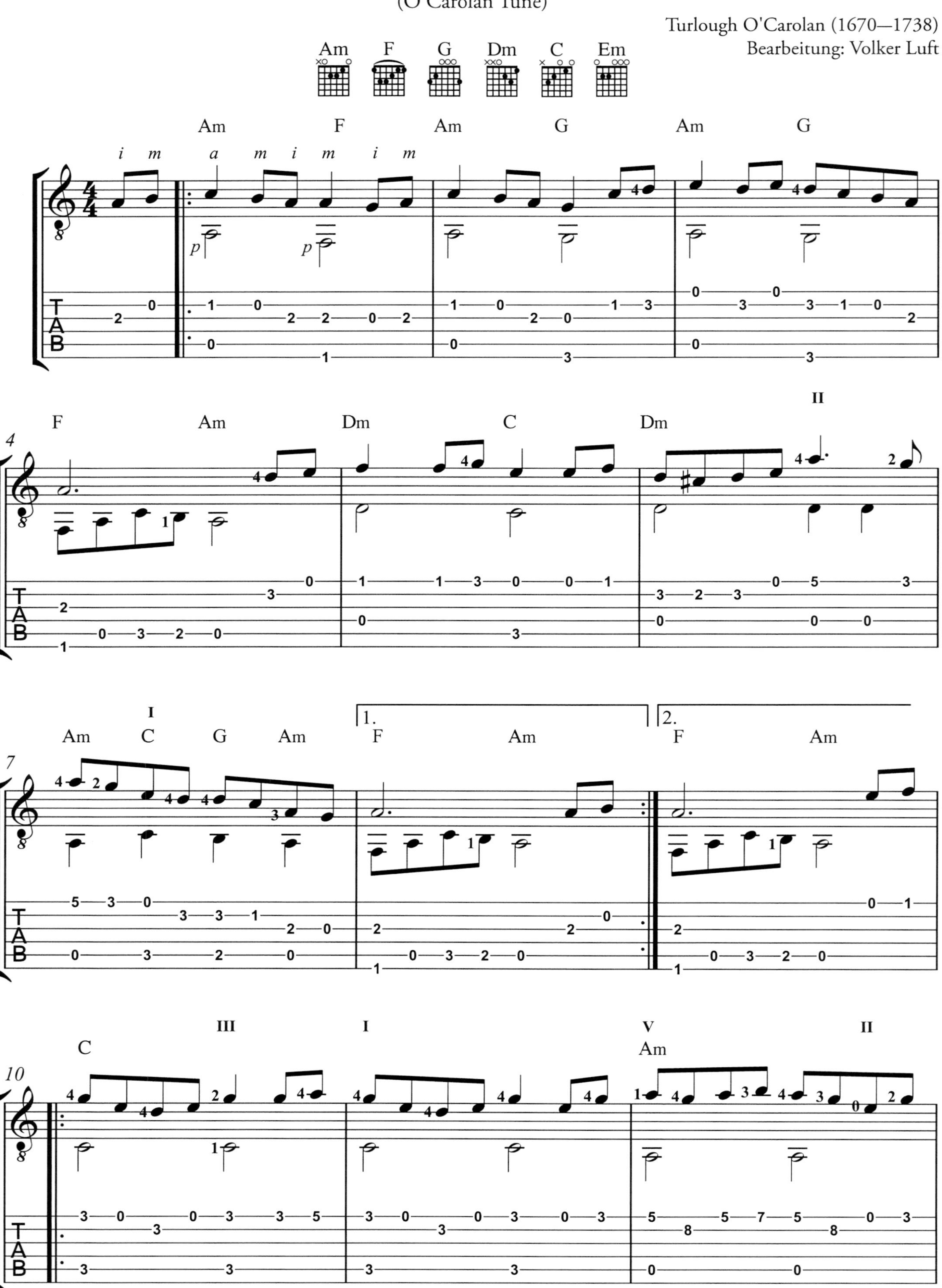

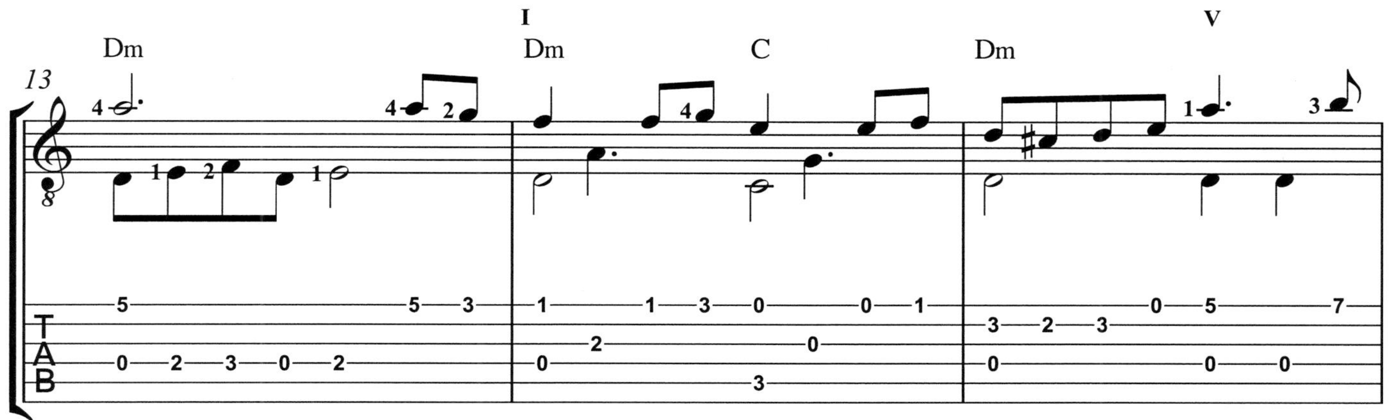


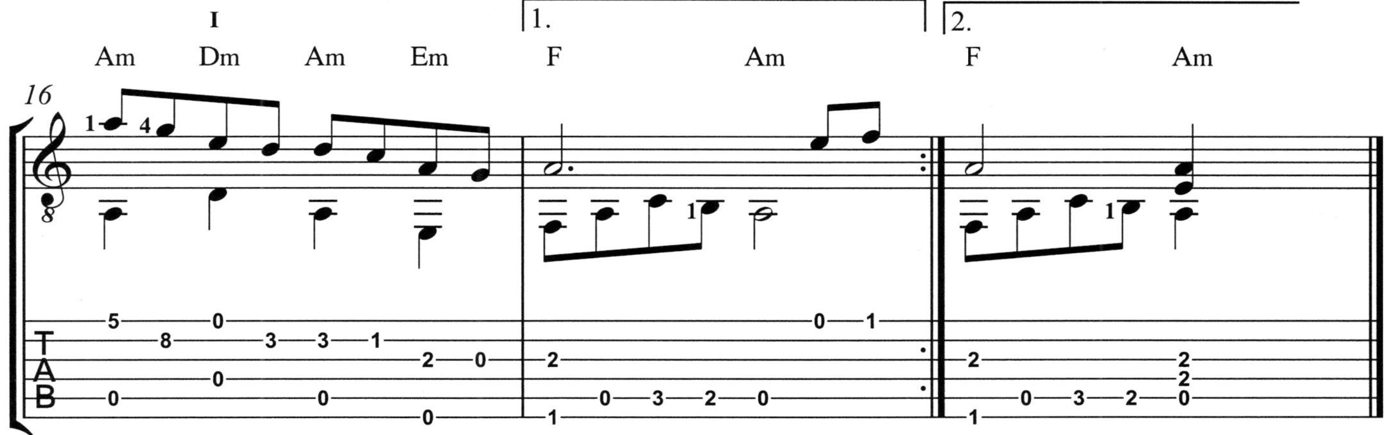


**1. Begleitrhythmus:**

*a. halbtaktiger Akkordwechsel:* *b. kein Akkordwechsel:* *c. vier Akkordwechsel:*

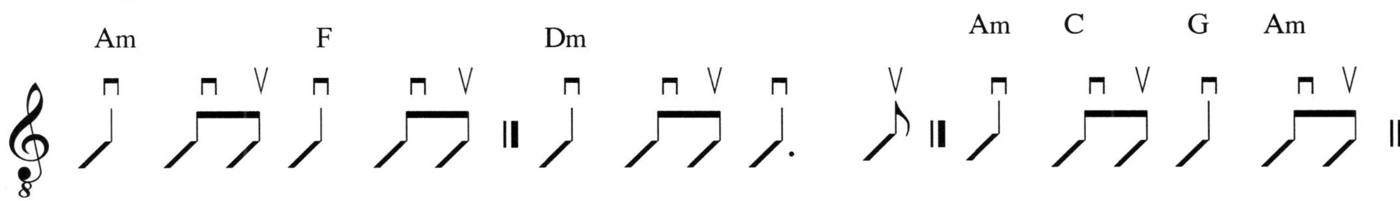


**2. Folkpicking:**

*a. halbtaktiger Akkordwechsel:* *b. kein Akkordwechsel:* *c. vier Akkordwechsel:*

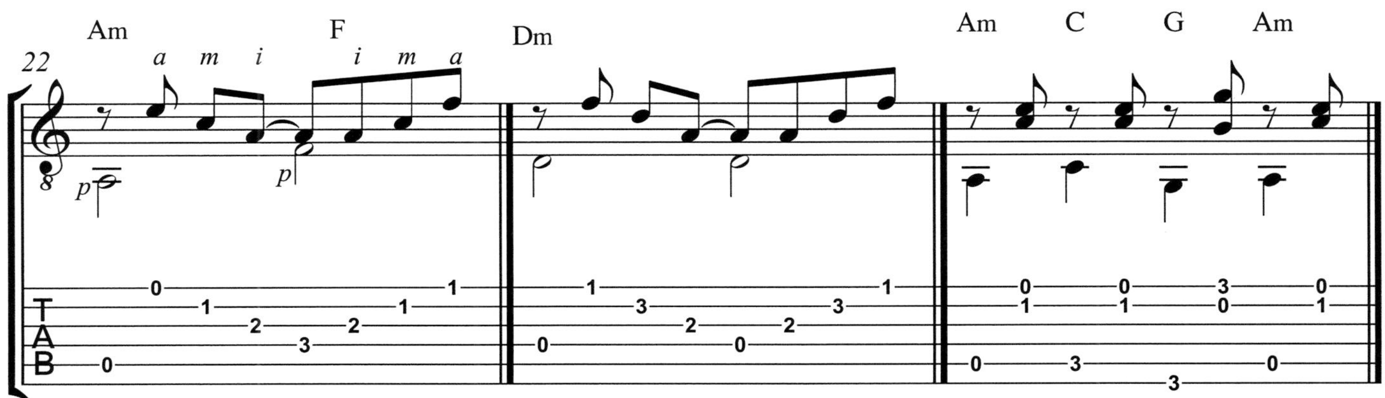

# Zeichenerklärung

**1. Liedbegleitung:**

⊓ Abschlag in Richtung der hohen e- Saite

V Aufschlag in Richtung der tiefen E- Saite

Mensuralnote: gibt den rhythmischen Wert einer Note an (nicht die Tonhöhe)

Dead Note: mit rechter oder linker Hand abgedämpfter Anschlag

> Akzent: Anschlag betonen

**2. Gitarre Solo**

Rechte Hand:

*i* Zeigefinger
*m* Mittelfinger
*a* Ringfinger
*p* Daumen

Linke Hand:

**1** Zeigefinger
**2** Mittelfinger
**3** Ringfinger
**4** kleiner Finger

III Bundangabe

# Get the Groove! – Acoustic Music Books

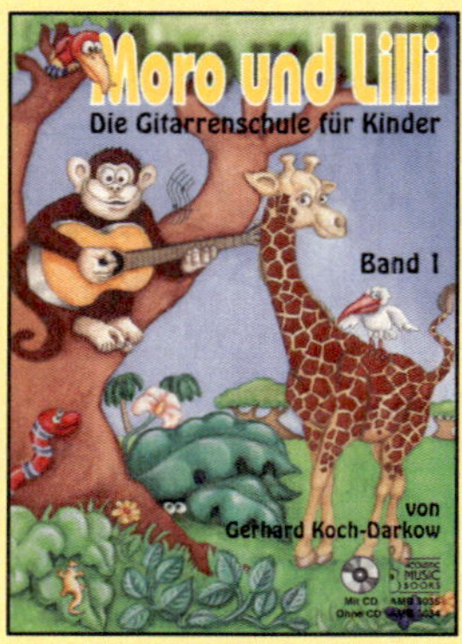


Gerhard Koch-Darkow
**Moro und Lilli, Band 1**
Die Gitarrenschule für Kinder

136 Seiten, mit Notenlegespiel zum Ausschneiden ohne/mit Begleit-CD:
AMB 3034 - 18,90 €
AMB 3035 - 23,90 €

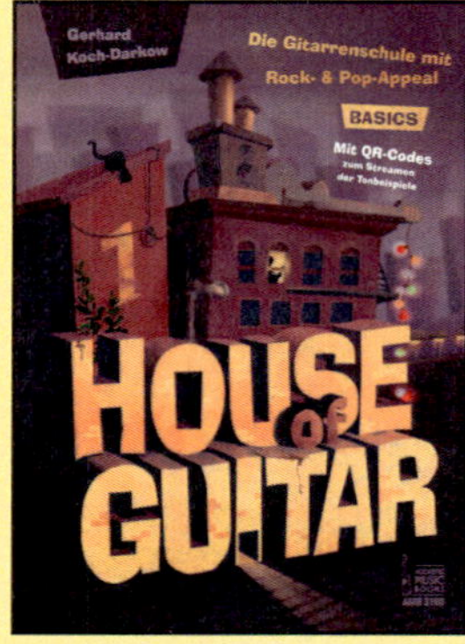


Gerhard Koch-Darkow
**House of Guitar. Basics**
Die Gitarrenschule mit Rock- und Pop-Appeal. Für Konzert-, Steelstring- und E-Gitarre. Zeitgemäßes Lehrwerk mit Kreativecken (Beatbox, Riffschmiede etc.). 136 S. mit QR-Codes zum Streamen der Tonaufnahmen.
AMB 3180 - 22,90 €

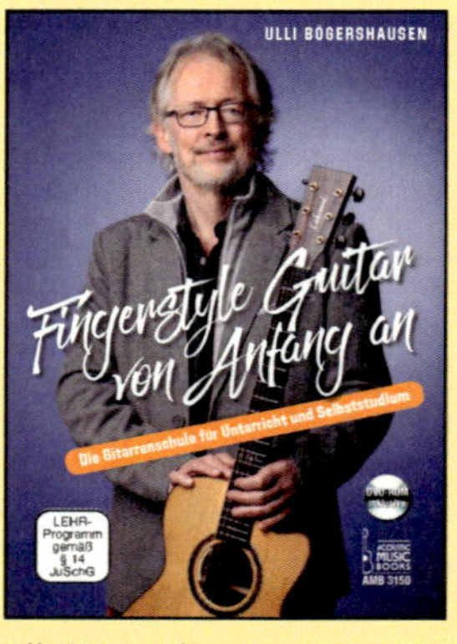


Ulli Bögershausen
**Fingerstyle Guitar von Anfang an**
Die Gitarrenschule für Unterricht und Selbststudium
Das Standardwerk "Von Anfang an" überarbeitet und erweitert. Noten u. TABs, 112 S. mit DVD-ROM. AMB 3150 - 26,90 €

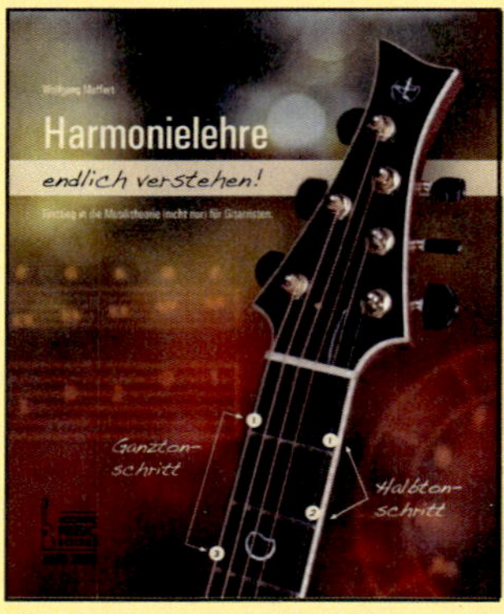


Wolfgang Meffert
**Harmonielehre endlich verstehen!**

Einstieg in die Musiktheorie (nicht nur) für Gitarristen.
**Bestseller. Einfacher und verständlicher geht es nicht!**
Sachbuch 168 Seiten
AMB 3096 - 25,90 €

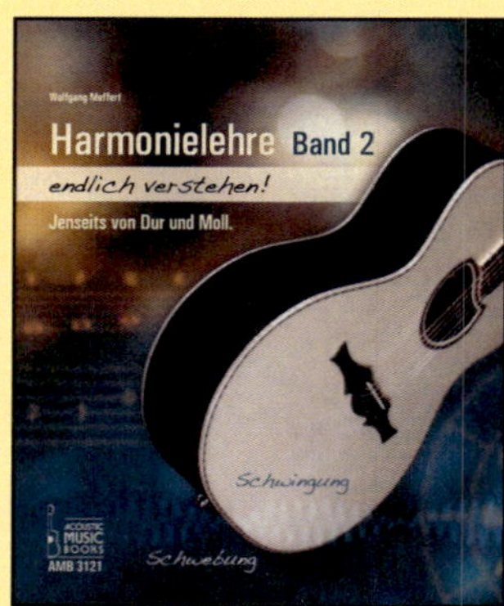


Wolfgang Meffert
**Harmonielehre endlich verstehen! Band 2**
Jenseits von Dur und Moll. Pentatonik, Dominantketten, Kirchentonarten in Blues, Rock und Jazz u.v.m. - Leicht verständlich! - Sachbuch , 216 S.
AMB 3121 - 25,90 €

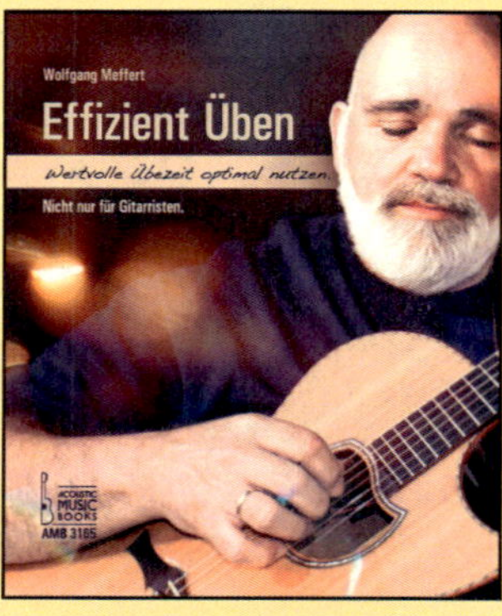


Wolfgang Meffert
**Effizient üben.** Wertvolle Übezeit optimal nutzen. Nicht nur für Gitarristen. - Richtiges Üben, Aufbau von Übestunden, Motivation, Technik, Tempo, systematische Übungen. Ein praxisorientiertes Buch, 72 Seiten - AMB 3165 -16,90 €

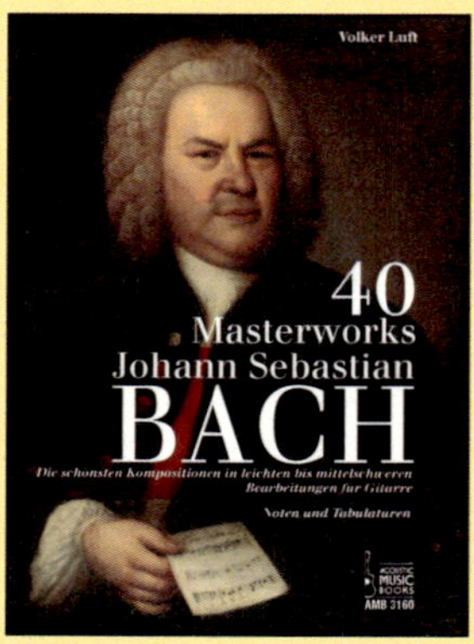


Johann Sebastian Bach
**40 Masterworks.** Die schönsten Kompositionen in leichten bis mittelschweren Bearbeitungen für Gitarre. (V. Luft). - Noten u. TABs, 80 S.
AMB 3160 - 19,90 €
- Noten, 52 S. AMB 3161 - 18,90 €

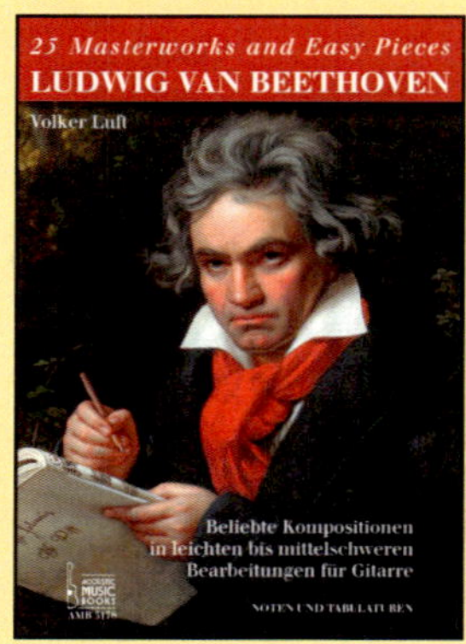


Ludwig van Beethoven
**25 Masterworks and Easy Pieces.** Beliebte Kompositionen in leichten bis mittelschweren Bearbeitungen für Gitarre. (V. Luft) - Auszüge aus „Mondscheinsonate", Für Elise, „Ode an die Freude" u.v.m. - Noten u. TABs, 64 S.
AMB 3178 - 20,90 €

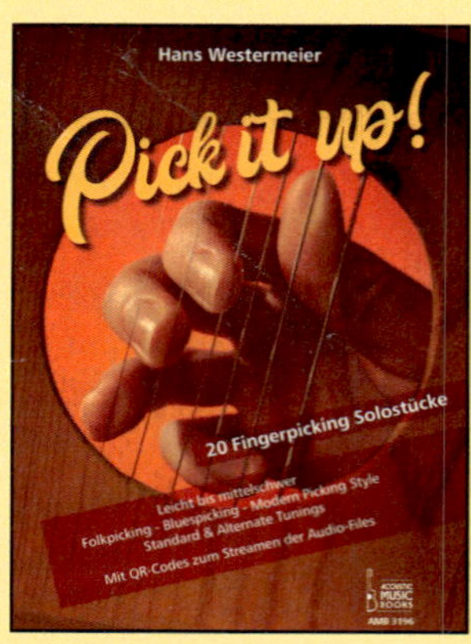


Hans Westermeier: **Pick it up!**
20 Fingerpicking Solostücke. Leicht bis mittelschwer. Folkpicking - Bluespicking - Modern Picking Style. Standard & Alternate Tuning. Mit QR-Codes zum Streamen der Audio-Files.
Noten und TABs, 56 Seiten,
AMB 3196 - 20,90 €

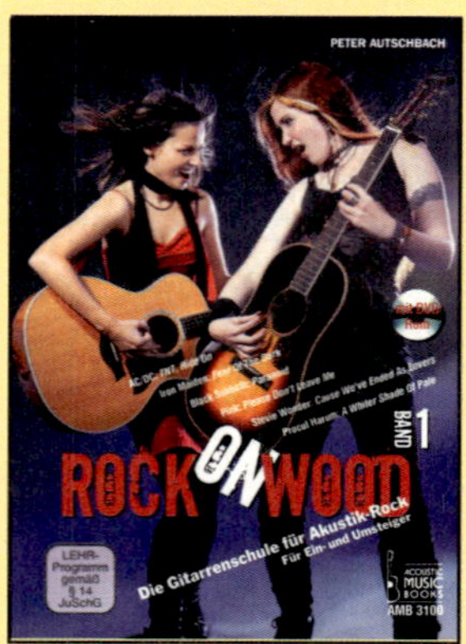


Peter Autschbach
**Rock on Wood**
Die Gitarrenschule für Akustik-Rock. Für Ein- und Umsteiger

Noten u. TABs., 124 S., mit DVD-ROM, AMB 3100 - 24,90 €

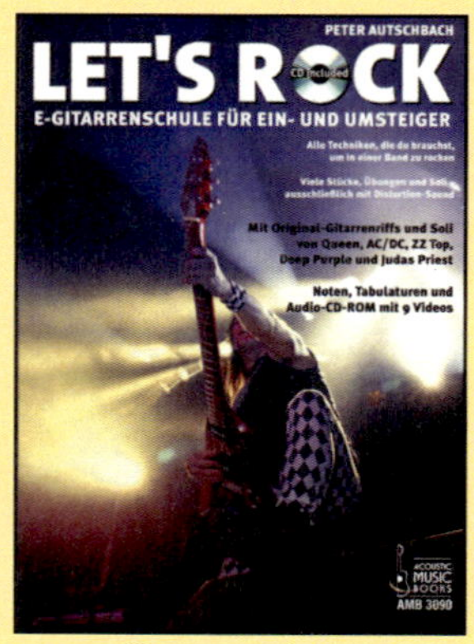


Peter Autschbach
**Let's Rock**
E-Gitarrenschule für Ein- und Umsteiger. Alle Techniken, die du brauchst

Noten u. TABs., 120 S., mit CD, AMB 3090 - 24,90 €

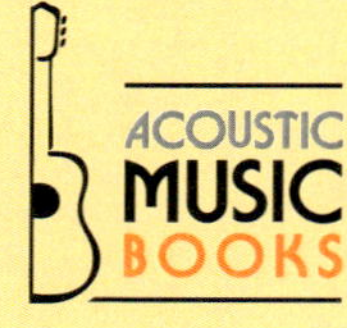


Acoustic Music Books
Brommystr. 64
26384 Wilhelmshaven
Tel. 04421-9 83 93 70
Fax 04421-9 83 93 01
info@acoustic-music-books.de
**www.acoustic-music-books.de**

**Der Notenkatalog ist online auf unserer Website zum Blättern oder Downloaden erhältlich!**

Lieferbarkeit, Irrtum und Preisänderung jederzeit vorbehalten!
Stand: 30.04.2024

**www.acoustic-music-books.de**